미래에서 만나요!
채사장

2023. 4.

채사장의
지대넓얕

06 성장 VS 분배

글 채사장

책읽기를 좋아하는 평범한 사람이었던 채사장 작가님은 사람들과 지식을 나누는 대화를 하는 게 가장 재미있었어요. 이런 재미와 기쁨을 전하기 위해 2014년에 쓴 책 《지적 대화를 위한 넓고 얕은 지식》이 밀리언셀러에 오르며 인문학 도서 신기록을 달성했어요. 이후에도 다양한 책을 써서 독자들과 소통하고 있고, 강연을 통해 많은 사람들과 지식의 즐거움을 나누고 있습니다.

글 마케마케

오랫동안 그림책 작가와 어린이 책 편집자로 일하며 재미있는 이야기의 힘을 믿어 왔어요. 채사장님의 《지적 대화를 위한 넓고 얕은 지식》을 독자로 접하고 인문학이 삶을 바꿀 수 있다는 것을 실감하고는 어린이들에게 쉽게 전달하기 위해 알파의 이야기를 만들었어요. 매일 알파, 마스터와 함께 즐거운 지식 여행을 떠나고 있답니다.

그림 정용환

홍익대학교 산업디자인학과를 졸업하고 다양한 책과 매체에 일러스트 작업을 하였어요. 〈복제인간 윤봉구〉 시리즈, 《로봇 일레븐》, 《유튜브 스타 금은동》 등 다양한 어린이 책의 그림을 그렸으며 《슈퍼독 개꾸쟁》을 쓰고 그려서 제1회 '이 동화가 재미있다' 대상을 받기도 했지요. 평소 팟캐스트 〈지대넓얕〉의 팬으로, 어린이들이 교양을 익히고 더 나은 삶을 꿈꿀 수 있도록 이 이야기에 아름다운 그림과 색채를 입혀 주었답니다.

채사장의 지대넓얕 6
(지적 대화를 위한 넓고 얕은 지식)

초판 1쇄 발행 2023년 4월 5일
초판 8쇄 발행 2025년 9월 3일

지은이 채사장, 마케마케
그린이 정용환
펴낸이 권미경
마케팅 심지훈, 강소연, 김재이
디자인 양X호랭 DESIGN

펴낸곳 ㈜돌핀북
등록 2021년 8월 30일 제2021-000179호
주소 서울시 마포구 토정로 47, 701
전화 02-322-7187 팩스 02-337-8187
메일 sky@dolphinbook.co.kr

ⓒ채사장, 마케마케, 정용환, 2023
ISBN 979-11-975784-6-5 74900
    979-11-975784-0-3 (세트)

이 책을 무단 복사·전재하는 것은 저작권법에 위반됩니다.
잘못 만들어진 책은 구입하신 서점에서 교환해드립니다.

채사장의
지대넓얕

지적 대화를 위한 넓고 얕은 지식

06
성장 vs 분배

글 채사장·마케마케
그림 정용환

저자의 말

역사를 움직이는 것은 무엇일까?

안녕하세요? 채사장입니다.

저는 대중들에게 인문학 강의를 하며, 책을 쓰고 있어요.

제가 난생 처음 쓴 책이 《지적 대화를 위한 넓고 얕은 지식》입니다. 바로 지금 여러분이 읽고 있는 이 책의 성인판, 여러분의 부모님도 선생님도 읽었을 책이지요. 첫 책인데도 아주 많은 사람들에게 큰 사랑을 받았습니다.

그런데 이 책은 사실, 어른이 되기 전에 읽어야 하는 내용이에요. 조금이라도 더 어릴 때 알면 좋은 내용! 그래서 어른이 아니어도 잘 읽을 수 있도록 이렇게 쉽고 재미있는 책으로 만들었습니다.

왜 저는 《지적 대화를 위한 넓고 얕은 지식》과 같은 인문학 책을 썼을까요?

대답을 위해 저의 어린 시절로 거슬러 올라가 보겠습니다. 저는 책을 읽지 않는 어린이였어요. 학교에서는 맨 뒤에 앉아 엎드려 잠만 자는 아이였지요. 세상과 사람에 대해서 통 관심이 없었어요. 그렇게 어영부영 고등학생이 된 어느 날, 너무 심심한 나머지 처음으로 책 한 권을 읽었습니다. 그 책은 소설 《죄와 벌》이었는데, 책을 읽고 저는 충격을 받았어요. 제 주변의 세계가 확 다르게 보였죠. 그때부터 저는 닥치는 대로 책을 읽기 시작했어요. 세계가 너무도 신기했고, 인간이 참으로 신비했죠.

하지만 성인이 될수록 세계를 더 잘 이해하기는커녕 도무지 이해할 수 없었어요. 왜 어떤 사람은 부자이고 어떤 사람은 가난할까? 왜 어떤 인간들은 약한 자들 위에 올라서고, 전쟁을 일으키는 걸까? 궁금했어요.

역사를 잘 살펴보니 그 답이 있었습니다. 오늘날 왜 경제에 의해서 세계가 좌지우지되는지 원인과 흐름을 이해할 수 있었죠. 인문학은 이렇게 세계를 보는 눈을 뜨게 해 줍니다.

우리가 어디에서 와서 어디로 가는지 아는 것은 복잡하고 거친 생애를 항해하는 데 꼭 필요한 나침반을 갖는 것과 마찬가지예요. 그 나침반을 갖기 위해서 우리는 '나'와 나를 둘러싼 '세계'를 이해해야 하겠지요? 이 책은 '세계'를 보는 눈을 길러 주는 친절한 가이드 역할을 해 줄 거예요.

《채사장의 지대넓얕》시리즈는 역사부터 경제, 정치, 사회, 윤리 등 한 분야에 국한되지 않고 넓은 지식을 알려 줄 것입니다. 6권에서는 경제 편이 마무리됩니다. 이 책을 읽으면 어렵게만 느껴졌던 경제가 선명하게 정리될 거예요. 책을 다 읽고 주변 사람들과 지적 대화를 나눠 보세요. 그러면 남들과 다른 지혜로운 어린이가 되어 있을 겁니다.

지금의 시대엔 지혜로운 사람이 주인공입니다. 자, 그럼 저와 함께 인문학의 새로운 세계로 여행을 떠나 볼까요?

2023년 봄에, 채사장

차례

프롤로그 좋아질 거야 · 11

1 신자유주의의 문제
테마파크에 오신 것을 환영합니다 —— 21
- 채사장의 핵심 노트 신자유주의 시대에서 살아남기 —— 44
- 마스터의 보고서 젠트리피케이션이란? —— 45
- Break time 테마파크 미로찾기 —— 46

2 신자유주의 시대의 노동자
알파의 직장 생활 도전기 —— 47
- 채사장의 핵심 노트 더 큰 자본이 독점한다 —— 68
- 마스터의 보고서 노동 운동 —— 69
- Break time 신자유주의의 명과 암 —— 70

3 자본주의 VS 공산주의
왜 부자와 가난한 자로 나뉘는 걸까 —— 71
- 채사장의 핵심 노트 공산주의는 무엇인가 —— 96
- 마스터의 보고서 공산주의와 사회주의는 어떻게 다른가 —— 97
- Break time 공산주의 국가는 어디에 —— 98

④ 성장과 분배
그 섬에 가면 99
- 채사장의 핵심 노트 　결국은 성장과 분배의 문제 122
- 마스터의 보고서 　성장 중심, 분배 중심 123
- Break time 　누가 열매를 먹어야 할까? 124

⑤ 역사와 경제
상위 신 승격 시험 125
- 채사장의 핵심 노트 　경제체제는 시대 상황을 반영한다 148
- 마스터의 보고서 　한국의 역사와 경제체제 149
- Break time 　가로세로 낱말풀이 150

(에필로그) 다시 열린 지식카페 · 151

- 최종 정리 156
- 경제 편 총정리 158

등장인물

알파

알파 커피 하우스의 사장이자 지구의 역사와 함께해 온 쪼렙신. 상위 신이 되기 위해 인간의 진화를 도우며 경험을 쌓는 중이다. 하지만 막상 인간의 모습으로 살다 보니, 경쟁에서 이기지 않으면 신 노릇은커녕 노예와 같은 삶을 살게 된다는 걸 깨달았다. 상위 신으로 승격하려면 인간을 관찰한 내용을 보고서로 정리해야 하는데 먹고살기 바빠서 미뤄 둔 지 오래다. 아무튼 알파는 자본주의가 시작되고 꽃피는 모든 과정을 본 경제의 산증인! 21세기에도 생산수단을 손에 쥐기 위해 잇따른 사업의 실패에도 다시 카페를 차렸으나 신자유주의 시대에 거대 자본과의 싸움에서 살아남기란 쉽지 않다.

마스터

오래전부터 알파 곁에서 늘 함께해 온 작은 쥐. 알파가 인간 세계에 적응하기 위해 동동거리는 모습을 안타깝게 바라보고 있다. 알파나 채가 고민에 빠질 때마다 현명하게 한마디 던져 주는 마스터, 드디어 그 정체가 밝혀지는데…….

채

지식카페의 사장이자 시간여행자.
새로운 지식을 탐구하고자 하는
사람들을 돕기 위해 카페를 차리고 지식을
체험할 수 있는 신비로운 방법을 알아냈다.
그러나 신자유주의 시대에 그의 소박한 꿈을
이루는 것도 쉽지 않았다.
손님과 좋은 직원을 가로챘던 알파와의
경쟁은 귀여운 수준에 불과했다.
거대 자본을 무기로 주변 부동산까지
구입해 버리는 비타 커피 팩토리와의
경쟁에서는 완전히 밀려 버리고 만다.

비타

땅과 건물을 보유한 비타 커피 팩토리의 사장.
신자유주의 성향의 정부가 세금을 줄이자,
그 이익으로 커피 가격을 내리고,
커피 연구소를 차렸다. 그렇게 비타는
자본의 힘으로 이 지역의 유일한 승자가 된다.

매니저

한때 알파의 커피 하우스에서
아르바이트 직원으로 일했던 학생.
열심히 일하여 정직원이 되기를 원했지만
경기가 나빠지자 제일 먼저 해고를 당했다.
지금은 비타의 회사에서 매니저로 일하며
신입사원으로 들어온 알파의 상사가 되었다.

이 책을 읽는 방법

이 책은 어른들을 위해 처음 만든 《지적 대화를 위한 넓고 얕은 지식》을 어린이들도 볼 수 있게 만든 책이에요. 많은 지식들을 하나의 흐름으로 정리해 주는 책이죠. 여러분만의 특별한 독서법을 통해 이야기 속에 숨어 있는 지식과 그 지식을 꿰뚫는 통찰을 발견하면 좋겠어요.

Step 1 이야기에 집중하기

처음 읽을 땐 일단 순서대로 이야기를 따라가는 데 집중해 보세요. 이야기 속 주인공은 아주 특별한 인물이지만 우리 주변에서 생활하는 많은 사람들의 삶을 보여 주는 인물이기도 해요. 주인공의 생각과 심리를 잘 살펴보고 "왜 그랬을까?", "이럴 때 어떤 마음이 들었을까?" 같은 질문을 던져도 좋아요. 어려운 단어나 모르는 내용이 나오면 멈춰서 찾아봐도 되지만 일단은 계속 독서를 진행해도 괜찮답니다.

Step 2 핵심 단어와 흐름 찾기

총 5화에서 펼쳐지는 이야기들은 우리의 삶과 밀접한 관련이 있는 '신자유주의'를 알려 주기 위한 것이에요. 각각의 에피소드가 말해 주는 상황은 무엇을 상징하는지 생각해 보세요. 이 시리즈의 1~3권에서는 원시 공산사회부터 냉전 시대까지 역사의 다양한 사건들을 하나의 핵심으로 정리했어요. 앞서 배운 역사와 지금 공부하는 경제체제는 어떤 관계가 있을까요? 이 내용을 기억하며 읽어 보도록 해요.

Step 3 지적 대화 나누기

"이 인물은 왜 이와 같은 선택을 했을까?"
"인물들이 어려움에 처하게 된 진짜 원인은 무엇일까?"
"현실 세계에서 비슷한 일을 겪는 사람은 없을까?"
"나라면 어떤 행동을 했을까?"
책을 읽다 보면 여러 가지 의문점이 생길 거예요. 그리고 여러 번 꼼꼼하게 읽거나 다른 자료를 찾아보면 어느 정도 의문점이 해소될 수도 있을 거고요. 이렇게 내가 궁금했던 것, 발견한 내용에 대해 친구들이나 부모님과 이야기해 보세요. 토론을 통해 책을 읽은 것보다 더 큰 기쁨과 지혜를 만날 수 있을 거예요. 책의 마지막 장을 덮은 후에도 우리의 이야기는 계속 이어질 테니까요.

좋아질 거야

늦은 밤, 집에 돌아온 알파는 녹초가 된 몸을 소파 위에 털썩 던졌어.

퇴근 시간도 없고, 쉬는 날도 없고, 무슨 현대판 노예나 다름없네.

　쪼렙신 알파가 인간의 모습으로 살면서 편안하게 쉰 적은 사실 없었지. 하지만 요즘은 특히 더 눈코 뜰 새 없이 바쁜 날을 보내는 것 같아. 몇 해 전 무리하게 알파 커피 하우스 2호점을 오픈하느라 대출을 엄청 많이 받았거든. 이자만으로도 허리가 휠 지경인데 건물 임대료까지 올라 그야말로 파산 직전이었지.

　고민하던 알파는 카페를 정리하는 대신 부업을 찾았어. 낮에는 손님 없는 카페를 지키고, 카페 문을 닫은 후에는 밥 먹을 시간과 잠자는 시간을 줄여가며 아르바이트를 했어. 쉬지 않고 일한 덕분에 알파 커피 하우스는 문 닫지 않고 겨우 유지는 할 수 있게 되었지.

　하지만 이 상태에서 얼마나 더 버틸 수 있을까.

 알파는 또 다시 바쁘게 집을 나섰어. 퇴근 후에 종종 하는 알파의 부업 중 하나가 바로 대리 기사였지. 그나마 경기가 안 좋아 요즘엔 어쩌다 한 번 콜이 오곤 했지만 말이야.

 다행히 집에서 그리 멀지 않은 곳에 대리 기사를 호출한 손님을 찾을 수 있었지. 차 키를 받은 알파는 꾸벅 인사를 한 후 운전석에 앉아 시동을 걸었어.

 "부우웅."

 어두운 새벽, 알파가 운전하는 차는 조용히 카페 거리를 지나치고 있었어.

"어? 저 카페 아직도 안 망했네?"

침묵만이 흐르던 중에 뒷좌석 손님이 중얼거렸어. 알파는 무슨 말인가 싶어 귀를 쫑긋 기울였지.

"네?"

알파는 손님이 혹시라도 자신의 얼굴을 알아볼까 봐 황급히 고개를 돌렸어. 굳이 이 상황에서 본인의 정체를 밝힐 필요는 없었지. 하지만 한편으로는 이렇게 우연히 카페 고객을 만나다니 반가운 마음도 들었어. 다른 사람들은 알파의 커피 하우스를 어떻게 생각하고 있을까?

궁금해진 알파가 슬며시 물었어.

"저 카페 어떤가요? 한번 가 보고 싶었는데 기회가 없었네요."

넓은 공간을 가득 채우던 손님들의 웃음소리와 부지런한 직원들의 발걸음, 은은한 커피 향과 고소한 빵 냄새가 코앞에 스쳐 지나가는 것 같았어. 알파의 이름을 내걸고 만든 공간, 알파 커피 하우스는 처음은 돈을 벌기 위해 시작한 사업이었지만 곧 알파의 모든 것이 되어 버렸지. 단순하고 반복적인 노동은 소소한 보람을 선물했고 수많은 사람들과의 만남을 통해 매일 새로운 에너지를 얻을 수 있었어.

예기치 못한 때와 장소에서 손님의 칭찬을 들으니 다시 가슴이 뛰는 게 느껴진 거야.

알파는 언제나 희망을 놓지 않았어. 오래 살아온 만큼 다양한 세계를 경험했던 알파야. 경기는 좋을 때도 있고 나쁠 때도 있겠지만 결국 좋아질 거라는 믿음이 있었기 때문이지.

손님은 피곤했는지 연거푸 하품을 하더니 이내 눈을 붙였고 알파는 씁쓸한 마음에 입을 꾹 다물었어. 손님의 말은 틀리지 않았어. 비타 커피 팩토리가 이 나라를 대표하는 대기업으로 성장할수록 알파의 가게엔 손님이 급속도로 줄었거든. 아무도 찾지 않는 가게를 유지하느라 지금 알파는 노예와 다름없는 삶을 살고 있었고 하루에도 몇 번씩 포기하고 싶은 마음이 불쑥불쑥 들었어. 하지만 알파는 다시 마음을 다잡았어. 그리고 스스로에게 다짐하듯 낮게 중얼거렸지.

테마파크에
오신 것을 환영합니다

알파가 이 카페를 운영한 지도 꽤 많은 시간이 흘렀다. 처음 문을 열 때엔 '힙'하고 '핫'한 스타일이었던 카페 인테리어도 빠르게 바뀌는 트렌드를 쫓아가지 못해 이제는 촌스럽게 느껴졌다. 게다가 시간이 지날수록 건물 설비는 낡아졌고 종종 고장이 나게 마련이었다. 물론 돈을 들여 수리를 하면 그만이지만 지금 알파에겐 그럴 여유가 없다는 게 문제였다.

카페 화장실의 하수관도 요즘 들어 자주 막히고 오물이 역류하기도 했다. 그럴 때마다 알파는 직접 팔을 걷어붙이고 막힌 변기를 처리했다.

지저분한 냄새가 코를 찔렀지만 악취 따윈 크게 신경 쓰지 않았다. 다만 이런 타이밍에 손님이 올까 봐 걱정이었다. 다행히 시원한 소리와 함께 금세 물이 내려갔다.

알파는 송글송글 맺힌 땀방울을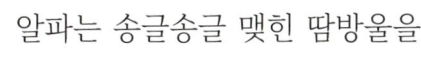
닦으며 미소를 지었다.

"잠깐, 가게 좀 봐도 되죠?"

"네?"

알파는 영문을 몰라 되물었으나 비타 사장은 친절하게 설명해 줄 마음이 없어 보였다.

그녀는 또각또각 구두 소리를 내며 카페 안을 돌았다. 천장도 살펴보고, 바닥도 보고, 기둥에 손도 대 보고 주방 쪽에도 얼굴을 살짝 들이밀었다. 화장실 문 앞에 '고장'이라고 써 붙인 글씨를 보고 살짝 멈칫하더니 말을 이었다.

"갑자기 들이닥쳐서 무슨 뚱딴지 같은 소립니까? 카페에 왔으면 얼른 주문부터 하세요!"라고 소리 지르고 싶은 것을 꾸욱 참는 알파였다.

비타 사장은 알파의 일그러진 표정을 보고 아차 싶었는지 가까운 테이블에 자리를 잡고 앉았다. 그녀가 손짓으로 수행원에게 신호를 보내자 수행원은 가방에서 서류 뭉치를 꺼내 테이블 위에 올려놓았다.

비타 사장은 알파를 바라보며 말을 이었다.

"비타 커피 빌리지에 방문한 고객들은 원두의 수확부터 라떼 아트까지 커피 한잔이 만들어지는 모든 과정을 체험할 수 있어요. 또 커피의 역사와 문화를 배우고 자연 속에서 즐기고 힐링하며 비타 커피에서 생산하는 모든 굿즈도 저렴하게 구입할 수 있죠. 정말 대단하지 않나요?"

알파는 어리둥절했다. 비타 사장이 주변 건물을 조금씩 사들이고 있다는 이야기는 소문으로 들은 적 있었다. 그런데 알파의 가게 건물마저 구입을 했다는 건가? 하루아침에 건물의 주인이 바뀌었다니. 얼떨떨한 알파의 눈을 본 비타는 생긋 웃으며 본론을 이야기했다.

알파는 머리를 세게 얻어맞은 것 같았다. 그러니까 지금 이 사람이 나를 쫓아내겠다는 얘기인가? 알파 카페 하우스의 사장인 나를? 내가 여길 어떻게 만들었는데, 이 공간은 나의 세월, 땀과 피, 꿈과 희망이야. 내가 무엇 때문에 이 지경이 될 때까지 버티고 있었는데!

"저기요, 죄송한데요. 제가 이해가 잘 안 가서요. 지금 그러니까 이 가게를 팔아라, 뭐 이런 얘기하러 온 건가요?"

당황한 비타의 얼굴을 보니 알파는 속이 다 시원했다. 그때 알파의 앞치마 속 휴대폰이 우렁차게 울렸다. 가끔 단골손님들이 단체 미팅을 잡을 때 전화로 예약을 하는 경우가 있었다. 알파는 뒤돌아 큰 소리로 전화를 받았다.

"네, 감사합니다, 손님! 알파의 커피 하우스입니다."

그러나 전화를 건 쪽은 손님이 아니었다. 고요한 카페에 수화기 너머 건조한 남성의 목소리가 울려 퍼졌다.

"알파 고객님. ○○카드 회사입니다."

알파는 깜짝 놀라 황급히 휴대폰을 껐다. 서둘러 비타 쪽을 보았는데, 그녀는 이미 통화 내용을 다 들은 표정이었다. 비타는 여유롭게 웃으며 알파에게 다가와 계약서를 내밀었다.

알파는 수치심에 몸이 덜덜 떨리는 것 같았다. 알파 쪽에서 대답이 없자 비타는 기분이 상한 듯 계약서를 다시 챙겨 넣었다.

"알겠습니다. 정 그러시다면 오늘은 이만 가 보죠. 하지만 우리도 마냥 기다릴 수는 없다는 거 아시죠? 법률적으로도 그쪽이 유리할 건 없고요."

또각또각, 비타의 구두 소리가 멀어져 가자 알파는 다급하게 외쳤다.

정들었던 카페와 헤어지는 건 생각보다 간단했다. 알파는 비타가 내민 계약서에 사인을 했고, '알파 커피 하우스'에 관련된 모든 권리를 팔았다. 건물과 집기뿐 아니라 상표와 레시피, 직접 개발한 메뉴까지도 비타의 손에 들어갔다. 물론 공짜는 아니었다. 비타는 알파가 섭섭하지 않게 가격을 쳐 주겠다고 했고 약속한 날짜에 정확한 금액을 입금했다. 알파 입장에서는 헐값에 넘긴 것과 다름없었지만 특별히 다른 대안도 없었다.

카페 거리에서 꾸역꾸역 장사를 유지하고 있던 다른 사장들도 같은 상황이었다. 그들 모두 비타의 설득에 각자 가게를 넘기고 간판을 내렸다. 채도 마찬가지. 힘들게 부여잡고 있던 지식카페를 팔 수밖에 없었다. 불도저는 순식간에 건물을 밀어 버렸고, 다양한 개성을 가진 작은 가게들로 가득했던 카페 거리는 역사 속으로 사라졌다.

그리고 그 자리에는 거대한 테마파크가 건설되었다.

이제……, 뭐 하죠?

글쎄…….

　며칠 후, 알파는 비타에게 받은 보상금으로 눈덩이처럼 쌓여 있던 빚을 모두 갚을 수 있었다. 카페와 관련된 다른 재산도 간단하게 정리되었다. 그동안 무엇을 위해 그토록 애를 썼는지 허무할 지경이었다. 모든 은행 업무를 처리하고 나온 알파는 한참을 서서 하늘을 보았다. 파란 하늘은 눈이 시릴 정도로 깊고 투명했다.

　"마스터, 나 잘한 거 맞지?"

　알파는 가슴 속에서 무거운 무언가가 쿵 하고 떨어져 내리는 기분이 들었다. 아주 오래전 처음 그 말을 들었던 순간이 떠올랐다. 친구였던 오메가가 생산수단을 손에 넣고 권력을 갖게 된 순간, 그리고 신이었던 알파가 인간의 밑에서 일하기 시작한 바로 그 순간이었다.

　왜 인간의 삶은 이토록 지루하게 반복되는 것일까. 알파는 차갑게 미소 지으며 그러겠노라고 대답했다. 비타의 차가 떠나자 알파는 나지막이 중얼거렸다.

　'나는 어쩔 수 없이 인간의 지배를 받는 신이로구나…….'

신자유주의 시대에서 살아남기

○ 가장 영향력 있는 경제체제, 신자유주의

5권을 읽은 친구들은 이전 정부의 강력한 규제와 세금 정책 때문에 사회가 불황에 접어들었던 것을 기억하지요? 새로운 정부는 세금을 줄이고 규제를 풀기 시작했어요. 알파는 카페의 정직원을 자르고 모든 직원을 아르바이트 개념으로 고용했지요. 줄어든 세금과 인건비를 사업에 투자할 수 있었고 그러다 보니 알파의 이익도 점차 안정적으로 늘어났어요.

그러나 좋은 점만 있는 것은 아니었어요. 세금과 규제가 줄어들자 경쟁업체인 비타도 가만있지 않았거든요. 커피 가격을 내리고, 연구비에 투자하고, 홍보에 힘을 썼어요. 결국 비타와의 경쟁에서 알파는 완전히 밀리고 말았지요.

○ 무엇이 문제인가

이제 알파는 비타에게 완전히 카페를 넘기게 되었네요. 결국 비타의 직원으로 일하게 된 알파! 자신보다 작은 자본을 종속시키는 것은 큰 자본의 속성이에요. 알파는 더 큰 자본인 비타 커피에 종속된 거예요. 다른 사람 밑에서 일하는 건 즐겁지 않았지만 매달 월급이 들어오니 나쁘지 않은 선택을 한 것 같아요. 과연 그럴까요?

젠트리피케이션이란?

홍대앞, 가로수길, 삼청동길, 경리단길……. 한 번쯤은 들어보았을 서울 시내의 유명한 거리들이다. 개성 있는 맛집과 작은 카페들은 특별한 감성과 매력으로 지역의 관광 명소로까지 자리를 잡았다. 낙후된 주택가였던 거리는 감각 있는 사업가들의 손에 의해 오히려 매력이 가득한 거리로 유명해졌지만 몇 년 사이에 많은 것들이 바뀌었다. 어느 순간 특색이 넘치는 상점들이 문을 닫고 사람들은 더 이상 그 거리를 찾지 않게 된 것이다. 거리가 유명해지자 임대료가 올랐고, 저렴한 임대료 덕분에 사업을 시작할 수 있었던 사람들이 다른 곳으로 떠날 수밖에 없었기 때문이다. 결국 그곳엔 임대료를 감당할 수 있는 커피 프랜차이즈나 화장품 로드숍 브랜드, 대기업 패션 브랜드, 대형 쇼핑몰들이 들어서게 된다.

이런 현상을 '젠트리피케이션(gentrification·둥지내몰림)'이라고 일컫는다. 도시 환경이 변화하며 낙후됐던 구도심 지역이 활성화 돼 사람들이 모여들었지만 땅값, 임대료 등이 급격하게 올라 이를 감당하기 어려워진 원주민들이 다른 곳으로 밀려나는 현상이다.

젠트리피케이션의 원인은 다양하다. 자본이 투자된 지역은 발전하지만 그렇지 못한 지역은 낙후되게 마련이다. 이때 정부나 개발업자들이 가격이 떨어진 지역을 개발하면서 원래 살던 이들이 밀려나기도 한다. 또한 예술가 집단이 임대료가 싼 지역에 거주하면서 그 지역만의 특징 있는 예술적 문화가 만들어지는 경우도 있다. 하지만 사람들의 입에 오르내리면서 임대료가 갑작스럽게 높아져 정작 지역의 특징을 만들어 낸 사람들이 그곳을 떠나기도 한다.

젠트리피케이션 구도심에 사람이 몰리면서 원주민이 내몰리는 현상이다.

Break Time
테마파크 미로찾기

비타의 커피 테마파크가 새로 문을 열었네. 그런데 너무 넓고 복잡해서 길을 잃기 쉽겠어. 꼬불꼬불 테마파크 속 미로를 통과해 보자!

2 신자유주의 시대의 노동자

알파의
직장 생활 도전기

비타 커피 빌리지가 오픈하자 예상대로 수많은 관광객이 몰려왔다. 신나는 음악이 연신 울려 퍼졌고 직원들은 높은 소리로 상냥하게 손님들을 맞이했다. 테마파크 사업은 성공이었다.

비타 사장이 말한 대로 커피를 배우고 즐길 수 있는 볼거리들이 가득하고 시설도 깨끗했으니 고객들의 반응은 뜨거웠다.

지역의 새로운 명소가 생긴 것이다.

 테마파크의 입구 쪽에는 커피와 관련된 장비나 물품을 구입할 수 있는 커다란 매장도 들어섰다. 물론 그곳에서 물건을 팔 노동자들도 필요했을 것이다. 알파가 새롭게 취직한 곳은 바로 그 매장이었다.
 커피머신 코너의 판매원 중 한 명으로 들어가게 된 알파는 첫 출근 날이 되자 마음에 들지 않는 유니폼을 입고 매장 문을 힘껏 열었다. 다행히 문 앞에는 반가운 얼굴이 보였다.

　매니저의 얼굴을 확인한 알파는 몸이 굳는 것만 같았다. 알파가 카페를 운영하던 시절, 그의 밑에서 일하던 아르바이트 학생이었기 때문이다.
　누구보다 성실한 직원이었고 알파 밑에서 계속 일하길 원했지만, 경기가 나빠지자 알파는 그에게 가차 없이 해고 통보를 내렸다. 그리고 오늘에서야 처음 마주친 것이다.

　알파는 잘난 척하는 매니저가 마음에 안 들었지만 딱히 그의 말이 틀렸다고 느끼진 않았다. 지금은 갓 출근한 신입사원이지만 남다른 노력을 보여 주면 보란 듯이 성공할 수 있다고 믿었기 때문이다. 계약하던 날, 비타 사장은 압도적인 판매 성과를 보여 주면 바로 승진과 연봉 인상을 시켜 주겠다고 약속하지 않았던가. 인류의 오랜 역사를 거치며 악착같이 살아남은 알파였다. 도태되지 않고 경쟁에서 이길 자신이 있었다.

알파는 과연 탁월한 직원이었다. 매일 가장 먼저 나와 매장을 청소했고, 잔업이 있을 땐 밤 늦게까지 일을 완수한 후에야 퇴근했다. 출근 첫날부터 판매할 커피 머신의 종류와 기능을 달달 외우더니 매장을 찾아 준 고객들이 궁금해하는 모든 것들을 설명했다. 살 의향이 있는 사람들은 물고 늘어지다시피 하며 하나라도 더 팔았다. 채를 비롯한 다른 직원들의 고객을 가로채는 일 정도는 서슴지 않을 정도였다.

그 사이에 비타의 커피 사업은 점점 더 번창했다. 경쟁자가 없는 세상에서는 가격을 낮출 필요도 없었다. 비타는 커피 가격을 올렸지만 손님은 줄지 않았다. 다른 카페는 남아 있지 않은 세상, 비타는 독점적 위치를 차지하고 전 세계를 무대로 지점을 확장해 나가기 시작했다.

다른 직원들은 알파가 마땅치 않았다. 누가 봐도 사장 눈에 들려고 노력하는 모습이 꼴사나웠기 때문이다. 게다가 요 며칠 사장이 언급한 신제품만 판답시고 다른 사람에게 미뤄 둔 일도 산더미 같았다. 불만이 머리 끝까지 쌓인 직원들은 알파가 없는 곳에서 수군거리기 시작했다.

그 불만은 채의 귀에도 곧 들어갔다.

 알파를 대신해 창고를 정리하던 채는 잠시 허리를 펴고 자세를 고쳤다. 땀방울이 이마를 타고 내려왔다. 창고 안은 먼지만 반짝일 뿐 어둡고 조용했다.

 그때 어디선가 '찍' 하는 소리가 들려 채는 그만 비명을 지르고 말았다. 창고 한 구석에 하얗게 빛을 발하고 있던 건 다름 아닌 마스터였다. 놀라서 엉덩방아를 찧는 채를 보고 마스터는 키득거리며 웃었다.

 "크크, 되게 놀라네. 나라고, 나!"
 "마, 마스터? 왜 여기 있어?"
 "그러는 채는? 왜 여기 있는 거야?"

마스터의 갑작스러운 질문에 채는 말문이 턱 하고 막혔다. 이 작고 영민한 쥐가 자신의 마음을 읽기라도 한 것일까? 지식카페를 닫은 후 채의 마음은 매일 복잡했다. 억지로 꿈을 접게 되자 새로운 꿈을 꾼다는 것조차 불가능하게 느껴졌다. 그렇게 무기력한 상태로 하루하루를 이어갔던 것이다. 채는 낮은 목소리로 중얼거렸다.

"어쩔 수 없잖아. 이제 나에게 남은 게 없으니……."

이제 그에겐 카페도 없고, 손님도 없었다. 낯선 사람들과 지식을 나눌 기회 또한 없었다. 마스터는 그런 채를 그저 묵묵히 바라만 보았다. 그때 창고 밖에서 채를 부르는 소리가 들렸다.

직원들은 채를 잘 따랐다. 힘든 일상을 견뎌 내야 하는 날들이었지만 함께 대화를 하고 생각을 넓히다 보면 다가올 내일도 기대할 수 있을 것만 같았다. 그렇게 채는 원래 지식카페에서 하고자 했던 일을 계속했다. 알파에게 함께 하자고 초대했지만 바쁘다는 이유로 거절 당했지만 말이다.

시간이 지나자 채도, 알파도 이 일에 조금씩 적응이 되었다. 장시간 노동에 몸은 고달팠지만 카페를 운영하던 때에 비하면 마음은 편안했다. 어쨌든 간에 월급은 약속된 날짜에 꼬박꼬박 들어왔으니 말이다. 그날도 기분 좋은 월급날이었다.

"채~, 이따 퇴근하고 우리 맛있는 거 먹으러 가요."

어린 직원들이 다가와 종알종알 수다를 떨었고 채와 알파도 입가에 미소가 떠나질 않았다. 그때, 다급한 매니저의 발소리가 들렸다.

"다들 빨리 모이세요. 긴급하게 전할 소식이 있어요!"

# 더 큰 자본이 독점한다

○ 작은 자본과 큰 자본

신자유주의 시대에서의 작은 자본은 큰 자본에 종속됩니다. 때문에 시장의 독점과 빈부의 격차가 발생하지만, 전체적으로 경제는 성장하고 발전해요. 그래서 어떤 사람들은 신자유주의야말로 인류가 찾아 낸 최선의 경제체제라고도 말하지요. 그러나 신자유주의에도 문제점은 존재해요. 바로 누군가는 계속 승리하고 누군가는 계속 희생 당해야 한다는 문제지요.

○ 이득을 얻는 사람은 누구일까?

신자유주의 경제체제에서 언제나 이기는 사람들은 비타처럼 큰 자본을 소유한 사람들이에요. 자본을 소유한 이들은 커피 수요가 줄어들면 구조조정을 해서 직원을 해고할 수 있어요. 필요한 만큼 비용을 아꼈다가 커피 수요가 늘어나면 직원을 더 고용하면 되겠죠? 그 덕분에 경기가 좋을 때나, 그렇지 않을 때나 비타는 어느 정도의 수이익을 지킬 수 있어요.

○ 손해를 입는 사람은 누구일까?

알파와 채, 그리고 다른 직원들은 어떨까요? 경기가 좋아서 커피가 많이 팔릴 때엔 큰 문제가 없어요. 회사가 이익을 얻었다고 해서 큰 보상을 받는 건 아니지만 생활을 유지할 만큼 안정적인 임금은 받을 수 있으니까요. 그러나 경기가 침체될 때는 상황이 다르지요. 일자리를 잃을 위험에 처하게 되니까요.

신자유주의 시대에서 언제나 희생되는 사람은 노동자입니다. 경기 침체기마다 해고당할 수 있어서 불안에 떨기도 하지만 본질적인 문제는 따로 있어요. 바로 생산수단의 문제랍니다.

노동 운동

노동자가 자신의 경제적, 사회적 지위를 보장하고 향상시키기 위해 벌이는 사회 운동을 '노동 운동'이라고 한다. 자유방임주의가 한창이던 1800년대, 영국의 노동자들은 낮은 임금과 열악한 노동환경, 긴 노동 시간에 시달리고 있었다. 이들은 한자리에 모여 대규모 시위를 벌였는데 그들이 요구한 것은 바로 투표권이었다. 당시 영국의 노동자들에겐 선거권이 주어지지 않았고 대지주만이 선거를 할 수 있었기 때문이다. 이를 차티스트 운동이라 한다.

차티스트 운동 1800년대 영국의 노동자를 중심으로 선거권을 요구한 민중 운동이다.

10년 넘게 계속된 차티스트 운동은 별다른 성과 없이 끝났지만 선거권의 중요성에 대해 알려진 계기가 되었고, 점차 모든 시민이 선거권을 가질 수 있게 되었다.

한국의 노동환경도 크게 다르지 않았다. 1960년대 후반에서 1970년대 초반, 산업화가 진행되던 무렵 노동자들은 환기도 되지 않는 좁은 작업실에서 하루 15시간 이상 힘든 노동을 해야 했다. 당시에도 노동자의 최소한의 인간다운 생활을 보장하기 위한 '근로기준법'이 존재했다. 그러나 지켜지지 않는다는 것이 문제였다.

청계천 평화시장에서 재단사로 일하던 스물두 살 청년 노동자 전태일은 근로 기준법에 명시된 노동자의 권리를 요구했지만 번번이 묵살 당했으며 직장에서 해고당하기까지 했다. 엄연히 법이 존재하지만 그 누구도 지키지 않고, 노동자에 대한 정부와 기업의 탄압이 점차 심해지자 결국 그는 온몸에 불을 붙인 채 노동자의 권리를 주장하기에 이르렀다. 분신 당시 그는 이렇게 외쳤다고 한다. "우리는 기계가 아니다! 근로기준법을 준수하라! 내 죽음을 헛되이 하지 말라!" 전태일의 죽음은 한국 사회에 큰 충격을 주었고, 노동자들의 인권에 대해 생각하는 기회가 되었다.

청계천 8가에 위치한 전태일 흉상

Break Time
신자유주의의 명과 암

현재 세계에서 가장 영향력 있는 경제체제인 신자유주의. 장점도 많지만 단점 또한 존재하는 경제체제지. 다음 흩어져 있는 카드의 글을 잘 읽고, 장점과 단점끼리 따로 모아 줘.

A 세금이 감면되어 자유롭게 투자할 수 있어요.

B 경쟁을 통해 기업을 효율적으로 운영할 수 있어요.

C 부가 특정한 사람에게 집중되어서 불평등이 심해져요.

D 열심히 일한 만큼 벌 수 있으니, 의욕이 생겨요.

E 복지가 축소되어서 가난한 사람들의 삶의 질이 떨어져요.

F 노동자의 인권이 존중되지 않고 실업률이 높아져요.

장점

단점

3 자본주의 VS 공산주의

왜 부자와 가난한 자로 나뉘는 걸까

또다시 몇 번의 계절이 반복되었다. 오늘따라 일찍 퇴근한 채는 터덜터덜 버스에 몸을 실었다. 예전 같으면 함께 퇴근하는 동료들과 함께였지만 정리해고가 있은 후로는 늘 혼자였다. 간신히 버스에 자리가 생기자, 채는 지친 몸을 의자에 기대고 차창 밖을 보았다.

예보에 없던 비가 부슬부슬 내렸다. 미처 우산을 챙기지 못한 사람들이 저마다 웅성거리는 저녁. 채가 차가워진 손을 주머니에 넣자 부스럭하고 종이가 잡혔다. 오랫동안 주머니 속에 들어 있었던 종이의 정체는 해고되어 매장을 떠났던 직원들이 보낸 편지였다.

채, 잘 지내고 있지? 우린 다행히 새 일자리를 찾았어.
당장 돈을 주는 곳으로 가다 보니 위험하고
어려운 일을 찾긴 했지만 말이야.
나는 지난달부터 택배 분류 센터에서 일하고 있어.
올 여름 찜통더위 속에서도 에어컨 없는 닭장 같은 작업실에서 일했지.
같이 일하던 학생은 전자제품 공장으로 갔어.
몸에 좋지 않은 화학물질이 나온다는 이야기가 있어서 불안해하지만
어쩔 수 없지 뭐. 마스크를 두 겹씩 쓰고 일하는 수밖에.

요즘은 채와 함께 책을 읽고 토론하던 시간들이 자꾸 떠올라.

그때가 내 인생에서 참 자유롭고 행복했던 시절인 것 같거든.

다시 자유로워지기 위해 열심히 살아야겠지?

그럼 조만간 또 만나!

채는 편지를 다시 접어 주머니에 넣었다. 편지 속에 한 문장이 마음에 걸렸다. 채는 작은 소리로 중얼거렸다.

"자유라……."

버스 안의 승객들은 각자 스마트폰에 집중했기에 채의 중얼거림은 누구에게도 들리지 않았다.

자유…….

자유…….

버스에서 내린 채는 상점들이 어지럽게 불이 켜진 거리를 걸었다. 자본주의는 개인의 자유로운 선택과 자유로운 경제 활동을 보장하는 사회다. 그러나 노동자들에게 정말 자유가 있을까? 아니다. 그들에게 주어진 선택권은 많지 않다.

그렇다면 이 사회에서 자유를 누리는 사람은 누구일까?

 며칠 후, 알파는 정말로 그렇게 바라던 승진을 했다. 동료 중에서 가장 빠른 승진이었다. 회사에서 대우도 달라질 것이고 소소하게나마 월급도 오를 것이다. 기대에 가득 찬 알파는 연신 싱글벙글했다. 채는 마음이 복잡했지만 그래도 알파를 향해 싱긋 웃어 주었다.
 "알파, 축하해요. 잘 해낼 줄 알았어요."
 "하하하! 채, 고마워. 오랜만에 저녁이나 같이 먹을까?"
 기분이 한껏 좋아진 알파는 채를 집으로 초대했다.
 "그러죠, 뭐. 알파랑 따로 보는 것도 오랜만이네요."

그날 저녁, 채는 알파의 집을 찾아갔다. 제대로 앉아 이야기 나눌 시간도 없이 요리 삼매경에 빠진 알파 덕분에 집 안엔 고기 타는 냄새와 향긋한 소스 냄새가 가득했다.

마스터가 이끄는 대로 거실로 나온 채는 리모콘을 눌러 티비를 켰다. 한 예능 프로에서는 젊은 갑부들에 대한 가십이 화면에 나오고 있었다. 채널을 돌리려던 채는 잠시 멈칫했다. 프로그램에서 소개하는 갑부는 다름 아닌 그들의 사장 비타였기 때문이다.

"우와……! 저, 저, 저 그림!"

요리를 마치고 테이블을 세팅하던 알파가 티비 앞에 섰다. 그는 비타의 집 안에 걸린 그림을 보고 흥분해서 말을 더듬기까지 했다. 낯익은 작품이었던 것이다.

"너 기억나지, 마스터! 저거 내가 인도 식민지 시절에 후원했던 작가 거라고. 어휴, 살기 힘들어서 팔아 버렸는데 갖고 있었으면 좋았을걸."

마스터는 쩝 소리를 내며 긴 꼬리를 흔들었다.

"으이그, 이제 와 옛날 얘기하면 뭐 하냐? 준비 끝났으면 밥이나 먹자고."

채는 티비를 끄고 알파의 식탁에 앉았다. 조금 타긴 했지만 알파의 정성이 들어간 스테이크는 생각보다 맛있었다. 세일가에 샀다는 와인도 먹을 만했다. 오래전 시간여행을 하던 날들이 떠올랐다. 철강 산업으로 경제대공황을 이겨 낸 알파는 채에게 이와 비슷한 식사를 대접했다. 뉴욕의 한 식당에서 마주 앉은 두 사람은 많은 대화를 나누었고 금세 친구가 되었다. 그때와 지금은 또 많은 것이 달라졌다. 당시 알파는 기업을 이끄는 사장이었지만 지금은 노동자가 되었다. 알파는 아까 TV에서 본 내용이 머릿속에 떠나지 않았다는 듯 중얼거렸다.

그런데 말이야, 우리 사장님은 언제 그렇게 부자가 된 걸까?

원래도 땅이 많았지만 저 정도 수준은 아니었잖아.

고기를 씹던 알파는 잠시 멈칫했다.

생산수단은 알파가 그토록 손에 넣고 싶어한 것이었다. 그래서 어떻게든 카페를 지키기 위해 애를 썼지만 현실의 벽에 부딪혀 손을 놓아 버리지 않았던가.

알파의 표정을 읽은 채는 포크를 살짝 내려놓고 입을 열었다.

알파는 피식 웃더니 대답했다.

"날 뭘로 보는 거야? 직원은 천 원을 벌고 사장은 3천 원을 벌겠지."

"오오, 계산 좀 하는데요? 맞아요. 세 배의 차이가 나요."

알파는 뒷이야기가 궁금했는지 채를 다그쳤다.

"그래서, 그 사장이 어떻게 됐는데? 얘기 좀 더 해 봐."

채는 남은 고기 조각을 입에 넣으며 끄덕였다.

"맞아요, 알파. 비타 사장과 우리들도 마찬가지예요. 우리는 하루의 대부분을 일하는 데 쓰지요. 그러나 비타 사장은 그렇게 하지 않아요. 그게 생산수단을 가진 사람과 그렇지 않은 사람의 차이라는 것, 잊은 건 아니죠?"

알파도 이미 알고 있었다. 그는 자본주의가 발명되기 이전부터 이 모든 것을 경험했다. 생산수단을 소유한다는 것은 많은 것을 의미했다. 생산수단은 부를 축적할 수 있는 도구였고, 노동에 직접 참여하지 않아도 된다는 것을 뜻했다.

몇 시간 전 알파는 저녁 준비를 하기 위해 마트에 갔던 것을 기억했다.

채는 흥분한 알파를 진정시켰다.

"진정해요, 알파. 불공평한 시스템을 바꿔 보려는 실험은 이미 있었어요. 공산주의가 20세기 초에 러시아와 동유럽, 아시아 일대를 휩쓸었잖아요. 생산수단을 국유화해서 나라가 관리하고, 모든 사람은 평등한 관계를 가졌죠. 하지만 알잖아요? 공산주의는 이미 망했다는 것을."

"왜? 왜 망한 거지?"

알파는 갑자기 궁금해졌다. 자본가일 때에는 악마처럼 느껴지던 공산주의가 노동자가 되고 보니 매력적이고 설득력 있어 보이는 것이었다.

"다양한 원인이 있지만 네 가지 정도의 이유로 요약해 볼 수 있어요."

 알파의 눈빛은 간절했지만 채는 절레절레 머리를 저었다.
 "아뇨, 방법이 없어요."
 채는 사람들과 지식을 나누고자 카페를 열었고, 지적 경험을 쌓을 수 있는 비밀스러운 방법 또한 찾아냈다. 그러나 이미 지난 일이다. 지금은 지식카페를 처분한 지 오래니까. 커피 원두는 모두 버렸고, 테마파크가 들어온 후 지식카페의 흔적은 찾을 수도 없었다. 채는 씁쓸하게 말을 이었다.
 "우리한테 남은 건 아무것도 없잖아요……."

늦은 밤, 문 닫은 커피 테마파크에 조심스러운 발자국 소리가 들렸다. 바로 알파와 채, 그리고 마스터였다. 그들은 자그마한 손전등 불빛에 의지한 채 과거 지식카페가 있던 자리를 찾고 있었다. 물론 없던 길이 생기고 있던 지형도 사라져 예전 모습을 찾기는 어려웠다. 알파는 카페 거리 시절 지도와 현재 테마파크의 지도를 대조해 보더니 어느 한 곳에서 걸음을 멈췄다.

"여기 같은데?"

커피의 제작 과정을 표현한 옥외 전시장이었다.

"저 자리가 그때 문이 있던 자리인가 봐."

커피를 수확하는 아프리카 노동자들의 마네킹 사이로 낡은 창고 문이 하나 보였다. 알파는 호기심에 한걸음 다가갔다.

"그럼 한번 들어가 볼까?"

"잠시만요. 그냥 집에 있던 원두로 탄 커피지만, 따뜻하게 한 잔 마셔요."

채는 보온병에 담은 커피를 컵에 담아 알파에게 내어 주었다. 한잔 받아 마신 알파는 혹시나 하는 마음에 손잡이를 돌렸다. 의외로 문은 쉽게 열렸다. 그 순간 반대편 공간으로부터 따뜻한 주황빛 빛이 번져 나왔다. 예전 지식카페에서 만났던 그 빛과 같은 빛이었다.

알파는 채와 마스터를 향해 빙그레 웃어 주었다.

알파가 눈앞에서 사라지자 사방은 다시 어둠에 휩싸였다.
채는 이게 어찌된 일인지 어리둥절할 뿐이었다. 얼떨결에 이곳까지 왔지만 실제로 가상체험을 할 줄은 기대도 못했기 때문이다. 반면 채의 어깨 위에 있는 마스터는 제법 여유 있는 표정이었다.

공산주의는 무엇인가

○ 생산수단에 따라 달라지는 부

생산수단을 소유한 사람은 그 생산수단을 이용해서 다른 이들을 고용하고 이득을 얻어요. 노동자가 노력하고 저축한다면 자본가만큼 재산을 축적할 수 있을까요? 불가능하지는 않지만 상당히 어려운 일이에요. 다른 노동자보다 두 배 더 노력하면 소득이 두 배로 늘어날 수는 있겠지요. 하지만 자본가의 소득도 그만큼 더 빠르게 늘어날 거예요.

○ 세상을 바꾸자!

아무리 생각해도 불공평하고 억울한 세상이지요? 자본가에게 생산수단을 빼앗아 노동자가 직접 소유하는 사회를 만들면 어떨까요? 실제로 인류는 사회를 바꾸기 위해 이와 같은 경제체제를 만들어 실험해 보았어요. 이것이 바로 공산주의 혁명이에요.

○ 왜 배워야 하는가?

마르크스주의는 20세기 초에 러시아와 동유럽, 아시아 일대를 휩쓸었어요. 하지만 이 새로운 실험은 실패로 돌아가고 말았답니다. 자본주의 국가는 자본가의 재산과 권리를 빼앗는 공산주의를 악한 존재라고 국민들에게 교육했어요. 특히 한국은 전쟁이라는 역사 때문에 공산주의에 대해 공부하는 것조차 국가를 위험에 빠뜨리는 일이라고 생각하기도 했지요.

그러나 공산주의를 공부한다고 해서 모두 공산주의자가 되는 것은 아니에요. 오히려 공산주의에 대해 알아야 자본주의를 더 잘 이해할 수 있답니다.

공산주의와 사회주의는 어떻게 다른가

공산주의 이론을 처음 만든 마르크스(좌)와 엥겔스(우)

산업혁명 이후, 신분제도가 사라진 자리에 자본가와 노동자라는 새로운 계층이 생겨났다. 동시에 빈부 격차와 노동자들의 인권 문제 등 이전과는 다른 문제들도 발생했다. 19세기 초 이를 해결하기 위해 등장한 사상이 바로 사회주의다. 초창기 사회주의자들은 자본가의 감정에 호소하는 평화적인 방식으로 이상적인 사회를 추구하려고 하였으나 모두 실패하였다. 이때의 사회주의를 '공상적 사회주의'라고 한다.

훗날 마르크스와 엥겔스는 다양한 연구를 기반으로 '과학적 사회주의'를 주장했다. 두 사람은 스스로를 '공산주의자'라고 불렀다. 즉, 마르크스와 엥겔스는 기존의 사회주의자들과 스스로를 구분하기 위해 공산주의라는 용어를 사용하였던 것이다. 자본주의는 스스로의 문제점 때문에 결국 붕괴하고 노동자들의 국가가 만들어질 것이며, 생산력과 윤리가 안정될 때까지 노동자들에 의한 독재체제가 이루어져야 한다는 게 이들의 생각이었다. 그런데 여기서 사회주의와 공산주의라는 용어는 유사하게 사용되어 정확하게 구분하기가 쉽지 않다. 사회주의 안에는 공산주의 말고도 다양한 분파의 사상들이 존재하며 사회주의와 공산주의를 구분하는 몇 가지 기준은 다음과 같다.

❶ 혁명의 주체

사회주의	공산주의
엘리트	노동자

공산주의자들은 노동자가 스스로 문제를 해결하고 그들의 세계를 만들어 가야 한다고 주장한다. 사회주의자들은 엘리트 계급이나 부르주아들이 주체가 되어 노동자를 위해 힘써야 한다고 생각한다.

❷ 혁명의 단계

사회주의	공산주의
수단	목표

공산주의의 목표는 노동자 스스로 독재를 하는 사회다. 하지만 갑자기 변화하는 것이 어려우니, 소수 엘리트에 의해 운영되는 사회가 필요하다고 보았다. 그 사회를 사회주의로 설정하였다.

❸ 내포의 개념

사회주의 > 공산주의

공산주의가 사회주의 속에 포함되어 있다. 이 경우 사회주의는 국가가 주도하는 경제체제 전체라고 보고, 그중에서도 노동자가 주도하는 계획 경제를 특별히 공산주의라고 보는 것이다.

Break Time
공산주의 국가는 어디에

세계 거의 모든 나라들이 자유경제 체제를 도입하여 국가를 운영하고 있어. 그럼에도 불구하고 아직 지구상에 공산주의를 유지하고 있는 나라들이 있다. 찾아서 지도에 색칠해 볼까?

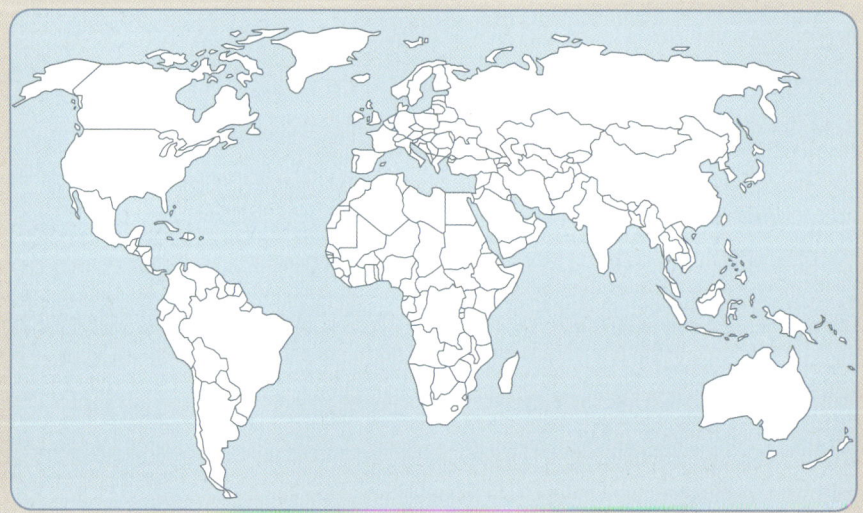

중국
1949년부터 공산당이 통치를 시작하며 현재까지 독재를 이어오고 있어요. 하지만 2004년에 개인 재산을 인정하는 것으로 법을 바꾸었지요.

쿠바
1953년 혁명을 통해 공산주의 국가가 되었고, 미국과의 관계가 나빠졌어요. 소련이 사라졌을 때 경제적으로 어려운 상황에 처했지만 지금은 많이 완화되어 미국과 국교를 트기도 했어요.

라오스
베트남과 소련의 지원을 받아 1975년에 공산주의 국가가 되었어요. 그러나 1988년에는 개인의 재산 소유를 일부 인정했어요. 공산주의 국가는 종교를 금지하지만 라오스는 불교를 인정해요.

북한
북한은 1945년부터 공산주의 국가가 되었지만 스스로를 공산주의라고 일컫지 않아요. 대신 김씨 일가에 대한 주체사상을 바탕으로 독재정치를 유지하고 있어요.

베트남
남북으로 나뉘었던 베트남은 전쟁 끝에 1976년 통일을 이루었고 공산주의 국가가 되었어요. 하지만 지금은 자본주의 시장경제를 받아들였어요.

경제적으로는 자본주의를 택하고, 독재체제를 유지하는 경우가 많군.

북한의 공산주의는 많이 변질됐는데?

4 성장과 분배

그 섬에 가면

문을 열고 한 발을 내딛자마자 강렬한 햇살이 무섭게 쏟아져 알파는 질끈 눈을 감았다. 얼마나 지났을까? 알파는 가늘게 눈을 뜨며 주변을 살폈다. 파도 소리와 함께 퍼렇게 펼쳐진 바다가 다가왔다.
"서, 섬이다! 섬이 보여! 우린 살았다!"
익숙한 목소리에 흠칫 놀란 알파는 곧 자신이 작은 구명보트에 타고 있다는 것을 깨달았다.
알파 혼자 있는 건 아니었다. 실제보다 더 비실비실해 보이는 매니저와 꾀죄죄한 옷차림의 채도 함께였다.

아마도 배를 타고 가다가 조난을 당한 모양이었다. 알파 스스로가 느끼기에도 자신의 몸이 많이 야윈 것 같았다. 며칠을 굶었는지 강력한 허기가 느껴졌다.

"섬에 가면 뭔가 먹을 것이 있겠……, 지……."

섬이 보인다며 좋아하던 매니저는 소리를 지르는 데 힘을 다 쏟았는지 마지막 말을 마치자마자 풀썩 쓰러졌다.

"매니저님? 괜찮으세요?"

채가 놀라 소리쳤다. 다같이 힘을 합쳐도 모자랄 판에 환자까지 생기다니, 알파는 골치가 아파왔다. 할 수 없이 알파가 배를 정박시키는 동안 채가 매니저를 부축해야 했다.

매니저와 알파는 서둘러 채가 있는 곳으로 달려갔다. 과연 거대한 야자나무가 그들 앞에 있었다. 먹음직스러운 야자열매도 달려 있었다. 그러나 매니저는 나무를 보자마자 훌쩍훌쩍 울기 시작했다.

"흐흐흑, 망했어. 망했다고. 겨우 먹을 것을 찾았다기에 이제 살았구나 생각했는데……, 저렇게 높은 데 달려 있는 걸 무슨 수로 딴단 말이야! 엉엉엉!"

매니저는 힘을 다 썼다는 듯 다시 풀썩 쓰러져서 몸을 떨었고, 채는 두리번거리며 도구가 될 만한 것을 찾기 시작했다. 둘의 모습을 지켜본 알파는 코웃음이 피식 나왔다.

채는 밝게 웃으며 알파의 손을 덥석 잡았다.

"역시 알파! 생명의 은인이에요! 이제 우리 이걸 공평하게 나눠 먹기만 하면 되겠어요."

매니저도 알파도 기분 좋게 고개를 끄덕였다.

"암, 공평하게 나눠 먹어야지."

채의 말을 듣자마자 알파는 버럭 화를 냈다.

"그게 무슨 소리야? 불공평하잖아? 내가 힘들게 나무 위로 올라가서 열매를 따 왔으니 내가 제일 큰 걸 먹어야지."

그러자 매니저가 무슨 힘이 남아 있는지 바락바락 소리를 지르며 따졌다.

"불공평한 처사예요! 아직 힘이 남아 있는 당신들은 좀 덜 먹어도 살 수 있잖아요? 난 배가 고파서 바로 죽을 지경이라고요!"

식량을 구하는 데 아무 도움이 안 된 주제에 당당하게 가장 큰 열매를 요구하다니. 알파는 화가 나서 팔을 걷어 붙였다.

"그게 말이 된다고 생각해?"

싸움이 시작될 것 같은 기미가 보이자 채는 반사적으로 말릴 준비부터 했다.

그렇게 세 사람은 야자열매를 앞에 두고 한참을 옥신각신 다투었다. 그때 산을 울리는 듯한 커다란 북소리가 들렸다.

"쿵, 쾅, 쿵, 쾅."

멀리서 한 무리의 원주민 군대가 다가오고 있었다.

무인도라고 생각했던 이곳은 사실 오래전부터 원주민들이 살고 있던 땅이었던 것이다. 원주민 군대의 행렬은 대형을 맞춰 세 사람 가까이로 왔다.

동물의 뼈로 만든 가마 위에 그들이 모시는 여왕이 타고 있었다. 익숙한 모습에 알파는 자신의 눈을 의심했다.

여왕은 돌아가려는 듯 행렬의 방향을 틀더니 바닥에 떨어진 열매를 스윽 쳐다보고 피식 비웃었다.

"저런, 동쪽 산에 가면 열매가 잔뜩 있는데 고작 세 개만 구한 모양이군."

동쪽 산에 먹을 것이 있다고? 굶주림에 시달려 온 세 사람은 귀가 솔깃해졌다. 그러나 원주민 여왕은 다시 얄밉게 말하며 멀어져 갔다.

"노예가 돼서 탄광으로 끌려가는 게 걱정이라고? 그래봤자 내일 일어날 일이야! 하지만 난 지금 죽을 것 같으니 당장 저걸 먹어야겠어!!"

매니저는 양보할 생각이 없어 보였다. 다짜고짜 열매를 향해 달려드는 걸 알파는 겨우 몸으로 막아서면서 채를 향해 소리 질렀다.

"이봐, 채! 자네 생각은 어떤데? 응?!"

그러나 채는 대답이 없었다. 대신 한숨을 푹 쉬더니 모래 바닥에 글씨를 쓰는 것이었다.

그러는 동안 매니저는 좀비처럼 비틀거리면서 열매에 손을 뻗었다. 배가 고파서 제정신이 아닌 것 같았다. 알파는 매니저를 막아 내며 채를 향해 소리를 질렀다.

"이봐, 채! 이 인간 좀 말려 보라고!"

그러나 채는 듣는 둥 마는 둥 모래 바닥에 쓰인 글씨를 보면서 한숨을 내쉬는 것이었다.

그런데 이상한 일이었다. '성장'이니 '분배'니 하는 되도 않는 단어를 듣는 순간, 알파의 머리가 맑아지는 느낌이 든 것이다.

그동안 카페를 차리고 직원을 고용하고, 해고하고, 다른 업체와 경쟁하던 일들이 모두 빠르게 떠올랐다.

그 순간 만큼은 내내 알파를 괴롭혔던 육체의 고단함도 굶주림의 고통도 느껴지지 않았다.

"그래, 이거였어!"

갑자기 퍼즐이 맞춰지듯 모든 것이 정리되었다.

감히 맞설 수도, 상대할 수도 없는 원주민 여왕. 이미 많은 것을 소유했지만 더 얻기 위해 노력하는 그녀는 무엇인가.

구글, 애플, 마이크로소프트, 맥도날드, 코카콜라, 나이키, 스타벅스……. 세계 시장에서 막대한 영향력을 행사하는 다국적 기업이다. 거대한 자본력을 가진 이들의 경제활동에 국적은 문제가 되지 않는다. 작은 기업들은 함부로 경쟁을 할 수도 없는 막강한 상대이기 때문이다.

신자유주의 시대, 국가는 어떻게 자원을 분배해야 할까?

"그래, 성장을 추구하면 분배가 이루어지지 않고, 분배를 추구하면 성장에 문제가 생기지."

알파는 성장과 분배가 마치 양면의 동전처럼 느껴졌다. 마치 정반대의 이야기 같지만, 동시에 성장과 분배는 함께 존재해야 한다. 하나는 옳고 다른 하나는 틀린 것이 아니라 시기에 맞게 선택해야 하는 것이기 때문이다. 그것이 바로 사회의 구성원들이 고민해야 할 지점이었다.

알파는 이제 이해가 간다는 듯 희미하게 웃었다.

알파는 한껏 가벼워진 몸으로 높이 날아올랐다.

"이봐, 어디 가? 어디 가는 거야?"
매니저가 소리쳤지만 알파는 뒤돌아보지 않았다.

알파가 하늘 가운데에는 난 작은 문의 손잡이를 잡아당기자 문은 기다렸다는 듯 활짝 열렸다.

빨리 집으로 돌아가고 싶었다.

가자마자 무엇을 해야 하는지 확실히 알고 있었기 때문이다.

결국은 성장과 분배의 문제

○ 사회 구성요소와 사회적 생산물

무인도 이야기는 우리에게 국가가 어떤 방식으로 자원을 분배해야 하는지 생각하게 해 줍니다. 이야기 속 알파, 채, 매니저, 비타는 각각 기업, 시민, 최소 수혜자, 다국적 기업을 상징해요. 크고 작은 열매들 역시 사회적 생산물을 상징하지요.

○ 성장 중심

알파에게 열매를 몰아주어 비타와 원주민과의 싸움에 맞서야 한다는 생각은 바로 신자유주의적 해결책이에요. 알파와 같은 생각을 하는 사람은 정부가 개입하지 말고 시장의 자유에 맡겨야 한다고 주장하겠지요? 세금이 줄면 복지 수준도 떨어지고 결국 사회적 약자들을 모른 척해야 하며 빈부격차를 받아들일 수밖에 없어요.

하지만 전체를 생각하면 더 큰 이익을 얻게 될 거예요. 이와 같은 정책을 '성장 중심 정책'이라고 합니다.

○ 분배 중심

반면 목숨이 위급한 매니저에게 열매를 몰아주려는 생각은 후기 자본주의적 방식이에요. 정부가 적극적으로 시장에 개입해야 한다는 생각이지요. 이렇게 되면 기업은 사업을 확장하기 어렵고, 부유한 개인들도 투자를 줄일 거예요. 국가의 경쟁력은 약화되어서 다국적 기업에 시장을 빼앗길 수도 있어요. 대신 국가는 세금을 확보해서 복지에 사용할 수 있고 사회적 약자들을 도와 빈부격차를 줄일 수 있어요. 이것이 바로 '분배 중심 정책'이에요.

성장중심 정책 | 신자유주의
장점 : 기업, 국가 경쟁력 강화
단점 : 빈부격차 심화, 사회약자 소외

분배 중심 정책 | 후기 자본주의
장점 : 빈부격차 해소, 사회약자 규제
단점 : 기업, 국가 경쟁력 약화

성장 중심, 분배 중심

수출을 위해 활발히 생산하는 70년대 섬유공장

성장 중심 정책 1970년대 한국

1960년대 초반, 한국은 다른 선진국의 원조를 받아야 겨우 유지될 수 있을 정도로 경제적으로 낙후된 상태였다. 당시 정부는 수출에 중점을 두고 경제 성장 정책을 이끌기 시작한다.

1961년 제1차 경제개발 5개년 계획을 수립한 후 온 국민이 수출에 힘쓴 결과 1964년 처음, 수출액 1억 달러를 달성하였다. 이후 경공업과 기계공업, 중공업까지 발전하며 1977년엔 수출 100억 달러를 달성하며 '한강의 기적'이라 불리는 빠른 경제 성장을 이루어 낸다. 하지만 이러한 경제 성장에는 부작용도 존재했다. 대기업 주도의 수출 정책으로 인해 지금의 재벌이 생겨났고, 대기업에 지속적으로 금융 지원을 해 준 탓에 인플레이션이 발생한 것이다. 대기업 쏠림 현상은 오늘날까지 여전히 유지되는 문제점으로 한국의 국가 자산 중 절반 넘는 돈을 대기업이 보유하고 있다.

분배 중심 정책 1990년대 독일

1990년 통일을 이룬 독일은 동독과 서독의 경제 불평등을 맞추기 위해 노력했다. 당시 독일은 무려 2000조에 이르는 통일 비용을 국민의 세금으로 충당하였다. 통일 후 약 25여 년이 지난 지금도 여전히 소득세의 5.5%를 추가로 분담하는 '단결세'를 걷는다. 이 막대한 세금은 모두 동, 서의 격차를 좁히는 데 이용되

베를린 장벽 붕괴를 축하하는 기념 우표

고 있다. 독일은 구동독 지역뿐 아니라 사회적 약자에 대한 복지가 잘 갖춰져 있다. 국가에서 대학등록금 전액을 지원할 뿐 아니라 보험 가입 시 의료비와 약값까지 무료로 보장된다. 그러나 이 모든 비용은 소득의 35~40%를 걷는 높은 세금에서 충당되며 대부분의 복지가 저소득층에 집중된다는 것에 불만을 갖는 이들도 많다.

Break Time
누가 열매를 먹어야 할까?

가상체험을 하고 있는 알파! 무인도인줄 알았던 곳은 원주민 여왕이 다스리는 곳이었어. 엎친 데 덮친 격으로 원주민들은 알파 일행을 노예로 삼겠다고 으름장을 놓지 뭐야? 먹을 것이라곤 열매가 전부인 이곳에서 배고픈 세 사람은 어떻게 식량을 나눠야 할까? 각자의 의견을 듣고 내 생각을 적어 보자.

내가 열매를 따는 데 가장 큰 공을 세운 데다가 힘도 세니까 내가 제일 많이 먹어야 해. 그래야 힘을 내서 원주민들과 싸우지!

제일 약한 내가 제일 많이 먹어야죠. 다른 사람들은 조금 덜 먹어도 살지만 나는 당장 굶어죽을 수도 있단 말이에요.

그냥 그런 거 따지지 맙시다. 무조건 똑같이 나눠서 똑같이 먹자고요!

• 어떻게 나눠야 할까요? _____

• 왜 그렇게 생각하나요? _____

_____

_____

5 역사와 경제

상위 신 승격 시험

알파가 가상 체험을 끝낸 지 며칠이 지났다. 그날 이후 알파는 회사에 나오지 않았다. 말 그대로 무단결근인 셈이다. 여러 번 전화를 해도 연결이 되지 않자 화가 난 매니저는 매장 안을 이리저리 돌아다니며 연신 씩씩댔다.

채는 뒤통수를 긁적이며 매니저의 뒷모습을 바라보았다. '상위 신에게 보고서를 써야 되니까 방해하지 말라던데요.'라는 말이 목구멍까지 나왔지만 밖으로 내뱉을 수는 없는 일이었다.

알파는 인류가 생기기 전부터 지구의 역사를 지켜본 쪼렙신이며, 채는 시간여행을 하다가 알파를 만나 친해졌다는 사실을 어떻게 이야기할 수 있겠는가. 어차피 믿어 주지도 않을 것이니 그저 꿀꺽 말을 삼키는 수밖에.

그러나 채 역시 알파의 소식이 궁금한 건 마찬가지였다.

알파는 쪼렙신으로서 지구를 관찰하면서 많은 것을 듣고 보았다. 그 무수한 기억들을 제대로 풀어내기 위해서는 하나의 관점이 필요했는데 알파가 선택한 관점은 '경제'였다. 경제체제라는 안경으로 인류의 역사를 바라보기로 결정해 놓고 스스로의 생애를 되짚으니 머릿속이 선명해지는 느낌이었다. 생각이 정리된 알파는 빠르게 보고서를 작성하기 시작했다.

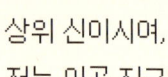

본격적인 산업화가 시작될 무렵, 저는 공장을 소유한 자본가였습니다. 당시 유럽에서는 '초기 자본주의'라는 개념이 싹트고 있었어요.

시장은 자유로웠고 저는 많은 부를 축적할 수 있었습니다. 물론 공장에서 일하는 노동자들은 고통을 받았지요.

하지만 우리 자본가들에게도 위기는 찾아왔습니다. 자본주의는 필연적으로 '공급 과잉'이라는 문제를 피할 수 없었거든요.

저는 여기서 한 가지 중요한 사실을 발견했습니다.
역사의 큰 변곡점과 경제체제의 변화는 함께 일어났다는 사실이지요.
자본주의가 시작되며 중세가 끝났고,
자본주의의 문제점을 깨닫고,
후기 자본주의와 공산주의가 발명되었을 무렵, 현대가 열렸습니다.

후기 자본주의와 공산주의는 언뜻 보면 형제처럼 닮았습니다.
자본주의가 가진 복잡하고 다양한 문제를 해결하려는
시도도 비슷했어요. 그러나 냉전 이후 공산주의는 무너지고
자본주의는 또 다시 모습을 바꿉니다.

이제 자본주의만이 독주하는 시대가 열린 것입니다.

그렇게 신자유주의의
시대가 시작되었습니다.
무한 경쟁 속에서 자본의 가치는
더욱 중요해지고 있습니다.

현대를 사는 인간들에겐 신자유주의만이 유일한 시스템처럼
느껴질 것입니다. 자신들이 발명한 자본주의가 정확하게 뭔지도 모르고
마구 사용하고 있어요. 그러나 긴 역사를 살아온 저로서는
이 또한 발전의 과정이라는 생각이 듭니다.
인류는 진화하는 중이고,
그들의 경제도 그들처럼 진화하겠지요.

지금도 많은 사람들이
치열하게 고민합니다.
정말 이 경제체제만이 답일까?

신자유주의가 더 옳은가,
아니면 후기 자본주의를
선택해야 하는가.

하암~

피곤하네······.

탁 탁 탁

　보고서가 마무리 되어 가자 그동안 쌓여온 피로가 한꺼번에 몰려오는 것 같았다.

　"아아, 졸려……."

　알파는 상위 신의 이메일 주소를 찾아서 입력하고, 지금까지 작성한 보고서를 다시 검토한 뒤 파일 첨부 버튼을 눌렀다. 마우스를 움직이는 동안에도 천근처럼 무거운 눈꺼풀이 연신 내려오고 있었다.

마스터가 전송 버튼을 누른 그 순간, 알파는 깊은 꿈속으로 빨려 들어갔다.

꿈속에서 알파는 새하얗게 빛나는 옷을 입고 하늘 위를 걷고 있었다. 마치 이 행성에 파견되기 전, 형태도 없이 의지나 능력만 존재했던 시절로 돌아간 기분이었다. 나쁘지 않은 꿈이었다. 둥실둥실 허공을 떠 가던 알파는 한 팻말 앞에 멈춰 섰다.

주위를 둘러보니 지원자는 알파 밖에 없었다. 알파는 매무새를 가다듬고 조심스럽게 면접장 문을 열었다. 드디어 지겨운 쪼렙신의 신분에서 벗어날 수 있다니, 아무래도 긴장이 되었다.

 그렇다. 알파는 스스로가 생각하기에도 눈치가 없어도 너무 없었다. 마스터는 알파가 직접 마주한 유일한 신적 존재가 아니었던가. 맨 처음 이 행성에 내동댕이쳐진 그날 이후, 알파의 지독한 외로움을 달래 준 친구였다. 물론 온갖 잔소리도 마다하지 않았다. 인간이자 신이었던 알파는 유일하게 마스터에게만큼은 솔직하게 마음을 터놓을 수 있었다.

 그 마스터가 바로 상위 신이었다니!

알파는 진지한 목소리로 계속 말을 이었다.

"이 사회에서는 성장을 주장하는 사람들과 분배를 주장하는 사람들이 늘 배척하고 다투고 있어. 하지만 성장과 분배는 옳고 그름의 문제가 아니야."

마스터는 알파의 지적인 모습이 기특해서 웃음이 나왔다. 그러거나 말거나 알파는 더욱 강하게 이야기를 이어 나갔다.

"경제, 사회, 윤리적 차원에서 우리가 얻는 것이 무엇이고 잃는 것은 무엇인지 따져 보고, 적절한 수준에서 합의해야지."

같은 시각, 채는 매장에서 알파 몫까지 일하고 있었다. 외부 창고로 박스를 나르던 채는 잠시 허리를 펴고 하늘을 보았다. 그때, 창고 뒤쪽에서 대화 소리가 들렸다. 비타 사장과 매니저의 목소리가 분명했다.

채는 한숨이 푹 나왔다. 대규모 구조조정이 몇 달 전에 있었는데 또 정리해고인가. 대화 소리는 계속 들렸다.

"그래요? 누굴 자를 건데요?"

"알파나 채는 그나마 성과가 좋으니 남기고 나이 어린 청년 직원 둘을 내보내겠습니다."

당황한 비타 사장과 매니저가 멍 하니 서 있는 모습을 보고 채는 꾸벅 인사를 했다.

"그럼 전 이만……."

뒤돌아 가려는 채를 붙잡은 건 비타 사장이었다.

"잠깐, 거기 서요!"

채는 말을 마치자마자 홀가분한 기분이 들었다. 사장과 매니저를 놔두고 돌아가는 발걸음은 마치 날개라도 달린 듯 가벼웠다. 이제 퇴근하는 순간 자유의 몸이 될 것이다. 한껏 들이마신 공기가 더없이 상쾌했다.

경제체제는 시대 상황을 반영한다

○ 정부와 시장

우리는 이 책을 통하여 네 가지 경제체제를 알아보았어요. 초기 자본주의, 후기 자본주의, 신자유주의, 공산주의예요. 각각의 경제체제는 시장과 정부와의 관계를 기준으로 구분할 수 있어요.

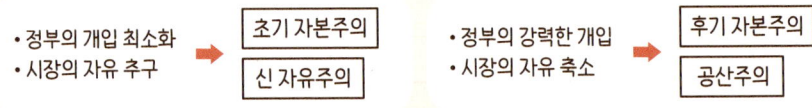

○ 역사와 경제

이러한 경제체제가 어떤 역사적 상황에서 발생하게 되었는지 알아보는 것은 중요답니다. 근현대의 역사를 다시 정리해 볼까요? 근대는 자본주의와 함께 시작되었어요. 초기 자본주의는 공급 과잉의 문제를 갖고 있었지요. 공급 과잉을 해결하기 위해 치열한 식민지 경쟁이 일어났고, 제국주의 시대가 도래했어요. 과열된 제국주의는 제1차 세계대전으로 이어졌고요. 전쟁 이후에 또 다시 공급 과잉 문제가 발생했고, 이는 대공황으로 이어졌답니다.

제국주의 시대 ➡ 제1차 세계대전 ➡ 경제 대공황

대공황을 해결하기 위해 세계는 여러 방법을 선택했어요. 미국은 자본주의를 수정했고, 러시아는 자본주의를 폐기하고 공산주의를 들여왔어요. 독일은 두 번째 세계대전을 일으켰답니다.

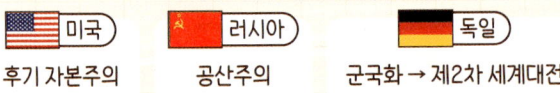

제2차 세계대전이 끝나면서 현대가 시작되었어요. 세계는 미국과 소련을 중심으로 냉전을 이어갔지요. 90년대 초에 소련이 본격적인 붕괴되며 신자유주의 시대가 시작되었답니다.

한국의 역사와 경제체제

반공 포스터 80년대, 공산주의를 반대하는 내용의 글과 그림으로 반공의식을 강화했다.

세계는 역사를 통해 다양한 경제체제를 실험하고 선택해 왔다. 대한민국은 현대에 접어들면서 남북 전쟁과 분단이라는 특수한 사건을 겪게 된다. 역사적인 상처와 안보라는 상황이 결부되어 경제체제가 곧 국가 이념으로 받아들여졌다. 오늘날도 한국인에게는 두 가지 경제체제만이 존재하는 것처럼 보인다. 양 극단의 자본주의와 공산주의가 바로 그것이다.

대한민국에서 일반적으로 '자본주의'라는 것은 '신자유주의'를 뜻하고 '공산주의'는 현재 북한이 유지하고 있는 비정상적인 지배체계를 뜻하고 있다. 만약 지금의 자본주의 체제를 비판하면 마치 다른 체제를 옹호하는 것처럼 여겨져 과거 종교재판처럼 사회적 심판을 받기도 한다. 그러나 경제체제는 종교가 아니고, 옳고 그름의 문제로 받아들일 것은 더욱 아니다. 얼마나 공동체에 효과적이고, 많은 이들에게 이익을 주는가로 접근하는 것이 맞을 것이다.

네 가지 경제체제 중 현재 한국에서 논의되어야 할 체제는 '신자유주의'와 '후기 자본주의' 두 가지로 추릴 수 있을 것이다. 앞으로 우리 사회를 신자유주의의 방향으로 가는 것이 좋을지, 아니면 후기자본주의 쪽으로 가는 것이 좋은지 고민해야 하는데 이것은 성장과 분배 중 무엇을 선택하느냐의 문제다.

국가 보안법에 대한 상반된 의견 공산주의에 동조하는 것을 규제하는 법으로, 강화와 폐지에 대한 주장이 맞붙고 있다.

Break Time
가로세로 낱말풀이

친구들, 경제 공부하느라 고생 많았어. 이제 가로세로 낱말풀이를 하며 우리가 함께 배운 용어들을 다시 복습해 보자.

가로

① 낙후된 구도심 지역이 활성화되면서 기존에 살던 원주민들이 내몰리는 현상.
② 국내 상품을 외국으로 팔아 내 보냄. 1960~70년대 한국은 이것을 통해 성장중심 경제정책을 시행했다.
③ 사람이나 동식물, 사물의 규모나 세력이 점점 커지는 것을 일컫는 말. 경제○○
④ 역사 시대의 구분 중 하나로 중세에서 현대 사이의 기간.
⑤ 제2차 세계대전 이후 공산주의와 자본주의 간의 정치적 경제적 갈등. 차가운 전쟁이란 뜻이다.
⑥ 재화와 용역의 생산에 사용되는 자산. 신자유주의 체계에서 독점적인 위치를 갖는다.
⑦ 사유재산을 인정하지 않고, 재산을 공동 소유하여 평등을 추구하는 사상. 마르크스와 엥겔스에 의해 처음 등장했다.

세로

㉠ 빌려준 돈이나 예금 따위에 붙는 이자. 또는 그 비율을 말한다.
㉡ 장사를 하고 남은 돈으로, 사업에 필요한 여러 비용을 빼고 남는 순이익이다.
㉢ 일터로 근무하러 나가는 것. 월요일부터 금요일까지 아침 시간대엔 직장인들의 이것으로 도로가 붐빈다.
㉣ 자본금이나 종업원 수 따위의 규모가 큰 기업이다. 경제력뿐 아니라 정치, 사회, 문화적으로도 영향력을 행사한다.
㉤ 한국의 노동운동을 상징하는 인물로, 1970년 11월 노동법을 지키라고 주장하면서 분신하였다.
㉥ 국가가 시장에 개입하지 않고 자유로운 시장 경제를 주장하는 경제체계. 성장 중심 경제정책에 해당한다.

다시 열린
지식카페

채는 아르바이트 직원들과 작별 인사를 하고 얼마 되지 않은 짐을 챙겨서 매장을 나왔어. 사물함에 있던 책 몇 권과 노트가 전부였지.

한순간에 일자리를 잃었지만 기분은 나쁘지 않았어. 오히려 그동안 망설였던 날들이 어리석게 느껴질 정도였거든. 다만 한 가지 마음에 걸리는 게 있었어. 바로 알파야.

이제 그 얄미운 쪼렙신을 예전처럼 자주 볼 수 없을 것 같았나 봐. 그 생각을 하니 조금 쓸쓸해지는 건 어쩔 수 없었지.

채는 조금 걷고 싶어져서 정확히 목적지를 정해 두지 않고 정처 없이 걷기 시작했어. 비타 테마파크가 생긴 뒤 풍경이 많이 바뀐 이 도시의 이곳저곳을 걷고 또 걸었어.

"뭐야, 이게 어떻게 된 거지?"

채는 놀라 짐을 내려놓고 가까이 다가갔어. 익숙한 문틈에 끼워져 있던 작은 쪽지가 툭 하고 바닥에 떨어지자 채는 쪽지를 조심스럽게 펴 보았지.

채는 피식 웃음이 났어.

'상위 신 승격 시험에 합격이라도 한 걸까?'

이 카페는 알파의 마지막 선물이 분명했어. 채는 아쉬움과 고마움을 느끼며 카페 문을 힘차게 열었어. 내부 역시 예전 그대로의 모습이었지. 가상 세계로 통하는 문도 그 모습 그대로 남아 있었어. 누가 시킨 것도 아닌데 채는 질끈 앞치마를 동여매고 청소부터 시작했어.

최종 정리

여러분 안녕하세요. 채사장이에요. 벌써 경제 편 이야기가 마무리되었네요. 6권에서는 본격적인 신자유주의에 대해 알아보았어요. 어떤 내용을 배웠는지 저와 함께 되짚어 볼까요?

신자유주의는 현대 사회에서 가장 영향력 있는 경제체제예요. 세금과 규제가 줄어들고 자유로운 경쟁을 통해 경제 발전을 이룰 수 있다는 장점이 있어요. 하지만 이익을 얻는 사람과 희생을 당하는 사람이 정해져 있다는 단점도 존재해요.

이익을 얻는 사람

큰 자본과 생산수단을 소유한 사람들은 언제나 이익을 얻어요. 노동자를 고용하여 그들이 일한 만큼 재산을 모을 수 있고, 호황일 때나 불황일 때나 어느 정도의 순이익은 지킬 수 있지요.

불이익을 받는 사람

생산수단을 소유하지 못하여 몸으로 노동을 해야 하는 사람들은 손해를 입어요. 평소에는 안정적인 임금을 받지만 경기가 나빠지면 해고를 당할 수 있지요. 게다가 아무리 노력해도 자본가와의 격차를 좁힐 수는 없어요.

공산주의

마르크스와 엥겔스는 노동자들이 직접 생산수단을 소유하고 부를 똑같이 나누어야 한다고 주장했어요. 그것이 바로 공산주의에요. 이와 같은 경제체제는 20세기 초반까지 세계를 휩쓸었지만 결국 실패하고 말았답니다.

성장과 분배

성장을 주장하는 사람들은 경쟁력을 갖춘 이후에 사회적 약자를 도와야 한다고 말해요. 분배를 주장하는 사람들은 공동체 구성원 모두의 삶의 질을 향상시켜야 성장도 이루어진다고 말하지요. 성장과 분배는 옳고 그름의 문제가 아니며 상호 보완하는 관계예요. 사회적 합의를 통하여 어떤 정책을 어떤 시기에 펼칠지 결정해야 하지요.

> 생각하고 토론하기

신자유주의 경제체제는 장점도 있지만 여러 가지 문제점 또한 안고 있어요. 국가는 하나의 경제체제를 선택하여 운영하되 시기에 따라 성장 중심 정책과 분배 중심 정책을 적절히 사용하기도 해요. 우리 사회에서 일어나는 여러 경제적인 문제들을 어떤 방식으로 해결하면 좋을까요? 살펴보고 토론해 봅시다.

① 비타 커피 빌리지에서 해고당한 노동자들은 점점 더 나쁜 환경의 일자리로 내몰렸어요. 양극화가 심해지면 사회 갈등도 악화되어 여러 문제가 생길 수 있어요. 이런 상황을 어떻게 해결할 수 있을까요?

② 한때 가장 이상적인 경제체제로 평가되었던 공산주의는 현재 소수의 국가에서만 형태를 바꾸어 유지될 뿐, 자취를 감추었어요. 여러분은 공산주의가 실패한 원인이 무엇이라고 생각하나요? 문제점을 분석해 보세요.

③ 현재 우리나라는 불황이 계속되면서 물가도 높아지고 있는 상태예요. 양극화 또한 심해져서 중산층으로 올라갈 수 있는 사다리가 없어졌다고 평가받기도 해요. 우리 사회가 맞닥뜨린 여러 가지 경제적인 어려움을 해결하려면 어떤 정책이 필요할까요?

알파와 함께 한 '경제' 이야기는 여기서 마무리됩니다. 다음 장에서는 지금까지 배운 것들을 다시 정리해 볼게요.

경제편 총정리

지적 대화를 위한 넓고 얕은 지식 여행을 꾸준하게 함께 해 온 친구들, 정말 대단해요. 우리는 벌써 두 번째 여행지인 '경제' 탐험을 마쳤어요. 4, 5, 6권을 통해 배운 내용을 정리해 보아요.

경제는 역사, 정치, 사회, 문화, 의식 등 세계를 구성하고 있는 여러 구조를 떠받치는 개념이에요. 경제가 바뀌면 사회도 문화도 바뀌어요.

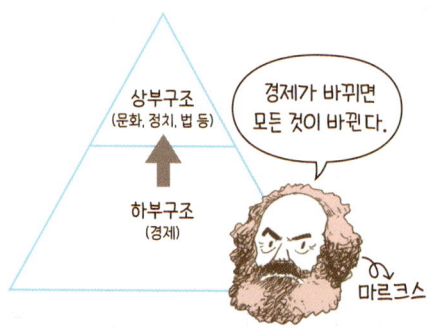

정부는 세금을 통해 시장에 개입해요. 약하게 개입할 수도 있고 강하게 개입할 수도 있어요.

① 시장의 자유를 추구한다. = 정부의 개입을 최소화한다. (세금↓, 복지↓)
② 시장의 자유를 축소한다. = 정부의 개입을 강화한다. (세금↑, 복지↑)

그 기준으로 크게 네 가지의 경제체제를 알아보았어요.

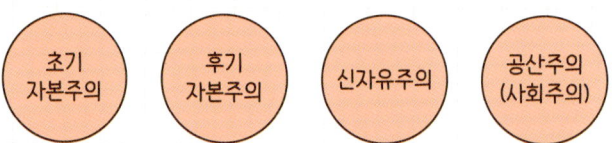

각각의 경제체제와 시장과 정부와의 관계는 다음과 같이 정리할 수 있어요.

← 시장 강화   정부 강화 →

초기 자본주의 (시장)	신자유주의 (시장 〉 정부)	후기 자본주의 (시장 〈 정부)	공산주의 (정부)
세금X, 복지X	세금↓, 복지↓	세금↑, 복지↑	세금100, 복지100

이와 같은 경제체제는 역사의 흐름과 함께 이어졌어요.
경제체제가 각 시대의 상황을 반영하였기 때문이지요.

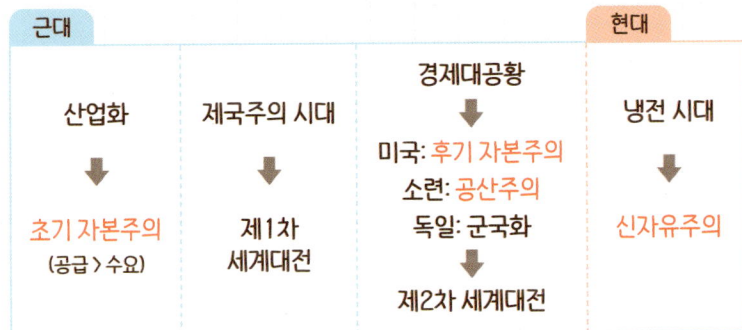

오늘날 한국 사회에서 중요하게 생각되는 두 가지 경제체제는 '신자유주의'와 '후기 자본주의'
예요. 두 체제는 각각 '성장'과 '분배'의 가치를 추구하지요.

성장 중심 (신자유주의)	분배 중심 (후기 자본주의)
장점: 기업, 국가 경쟁력 강화 단점: 빈부격차 심화, 사회 약자 소외	장점: 빈부격차 해소, 사회 약자 구제 단점: 기업, 국가 경쟁력 약화

이 문제를 다루는 영역이 바로 '정치'예요. 7권부터는 정치에 대해서 공부해 볼게요.
여러분은 이 지식 여행을 통해 역사의 흐름과 경제체제를 구분할 수 있게 되었으니 어렵고
복잡한 정치 문제도 쉽게 이해할 수 있을 거예요.

그럼 7권에서 만나요!

7권부터는 정치 이야기가 시작됩니다.

경제가 바뀌면 모든 것이 바뀐다

○ 역사를 나누는 기준, 경제

《채사장의 지대넓얕》을 1권부터 쭈욱 읽어 온 친구들은 긴 인류의 역사를 나누기 위해 사용한 핵심 개념인 '생산수단'과 '자본주의의 특성'을 기억할 거예요. 이 두 가지 모두 경제적 개념이며, 실제로 경제체제가 바뀔 때마다 정치, 사회, 문화, 그리고 결국 역사까지 바뀌었다는 걸 우리는 세계사를 공부하며 알 수 있었어요. 그렇기 때문에 경제는 아주 중요하답니다. 경제를 잘 이해해야 우리가 살고 있는 세계의 모습을 더 정확하게 볼 수 있거든요.

○ 시장과 정부

경제를 공부하다 보면 '시장'이라는 용어가 자주 나옵니다. 여기서 '시장'이란 재래시장이나 농산물 시장 같은 전통 시장만 뜻하는 게 아니에요. 상품의 거래가 이루어지는 모든 영역을 의미하지요. 그리고 외부에서 이 시장을 바라보는 '정부'라는 주체가 있어요. 정부는 시장을 규제하거나 세금의 양을 조절하며 시장의 활동을 조율하지요. 정부가 어느 정도까지 시장에 개입하느냐에 따라 다양한 경제체제가 만들어진답니다.

○ 다양한 경제체제

경제체제를 나누는 방식은 다양하지만, 일단 이 책에서는 크게 네 가지로만 구분할 거예요. '초기 자본주의', '후기 자본주의', '신자유주의', '공산주의'가 그것입니다. 이 네 가지 경제체제의 이름은 꼭 기억해 두면 좋겠어요. 조금 어렵다고요? 걱정 마세요. 앞으로 차근차근 알파와 채의 이야기를 따라가다 보면 어느덧 저절로 경제를 보는 눈이 생길 테니까요.

경제체제
- 초기 자본주의
- 후기 자본주의
- 신자유주의
- 공산주의(사회주의)

당신은 어떤 사회를 선택하겠는가?

○ 정부의 시장 개입

정부는 시장에 개입합니다. 그러나 상황에 따라 약하게 개입할 수 있고, 강하게 개입할 수도 있어요. 정부의 개입이 적어지면 세금이 줄어들고 그에 따른 복지 정책도 줄어들지요. 반면 정부의 개입이 커지면 세금이 늘어나지만 시장의 자유는 줄어듭니다.

① 시장의 자유를 추구한다.
= 정부의 개입을 최소화한다. (세금↓, 복지↓)

② 시장의 자유를 축소한다.
= 정부의 개입을 강화한다. (세금↑, 복지↑)

○ 두 개의 사회

자, 여기 A,B,C 세 사람이 산다고 합시다. 이들은 각자 다른 월급을 받아요. 돈을 많이 버는 사람도 있고, 적게 버는 사람도 있지요. 이 세 사람이 세금 제도가 다른 두 개의 사회를 경험하게 되었어요.

첫 번째 사회는 최소한의 세금을 요구하는 사회로 A, B, C는 각각 자신이 번 돈의 10% 만큼의 세금을 냅니다.

두 번째 사회는 많이 벌수록 세금을 내는 비율도 높아지는 사회예요. 그래서 A는 소득의 60%를, B는 40%를, C는 0%의 세금을 내게 되었어요. 게다가 A와 B에게 거둬들인 세금은 C의 복지를 위해 사용한다고 해요.

정리하자면 첫 번째 사회는 정부의 개입이 적어 세금이 낮고, 복지도 적은 사회예요. 두 번째 사회는 세금이 높고 복지가 많은 사회지요. 둘 중에 한 사회를 골라야 한다면 여러분은 어떤 선택을 할 건가요?

생산수단을 허하노라

○ '부'의 종류

경제체제를 크게 나누면 자본주의와 공산주의로 구분할 수 있어요. 많은 사람들이 공산주의 사회에서는 '사유재산'을 인정하지 않는다고 해요. 하지만 이는 반 정도만 맞다고 할 수 있어요. 우리가 사유재산이라고 부르는 개인의 부와 재산은 크게 두 가지로 나눌 수 있거든요.

○ 빈부격차의 원인, 생산수단

공산주의자들은 생산수단이 사회적 불평등을 일으키는 문제라고 생각했어요. 생산수단을 독점한 사람은 막대한 부를 축적하지만, 그렇지 못한 이들은 끊임없이 노동을 하며 생계를 유지해야 하거든요. 그래서 자본가의 생산수단을 빼앗아 노동자에게 돌려주고, 노동자들이 공동으로 소유한 생산수단은 국가가 관리하고자 했지요. 이처럼 국가가 생산수단을 관리하는 것을 '국유화'라고 하고, 개인이 생산수단을 소유할 수 있게 하는 것을 '민영화'라고 불러요.

즉, 자본주의와 공산주의는 '사유재산'이 아니라 '개인의 생산수단 소유'를 인정하는가에 따라 나뉘어집니다.

개인 소유의 인정 여부	생산수단	잉여 생산물
자본주의	○	○
공산주의	×	○

시장은 자유다

○ 초기 자본주의

초기 자본주의는 말 그대로 가장 초기에 등장한 경제 이론이에요. 자본주의라는 것이 처음 시작되었던 근대 산업 혁명기에 만들어진 개념이지요. 18세기에 살았던 경제학자, 애덤 스미스가 이 이론을 정립한 대표적인 인물이랍니다.

○ 보이지 않는 손이 존재한다

애덤 스미스는 국가가 간섭하지 않아도 시장은 스스로 가격을 조절할 것이라고 말했어요. 시장의 자율적인 조정 능력을 '보이지 않는 손'이라는 말로 표현했지요. 국가나 신과 같은 절대적 존재가 없어도 판매자는 스스로가 망하지 않는 선에서 교묘하게 가격을 결정한다는 말이에요.

○ 초기 자본주의의 문제는?

위의 이야기만 보면 초기 자본주의는 아주 이상적인 경제체제처럼 보이네요. 그런데 정말 다른 문제는 없을까요? 초기 자본주의 시장에서 누가 이익을 얻는지 곰곰이 생각해 본다면 이 체제의 문제가 보일지도 몰라요.

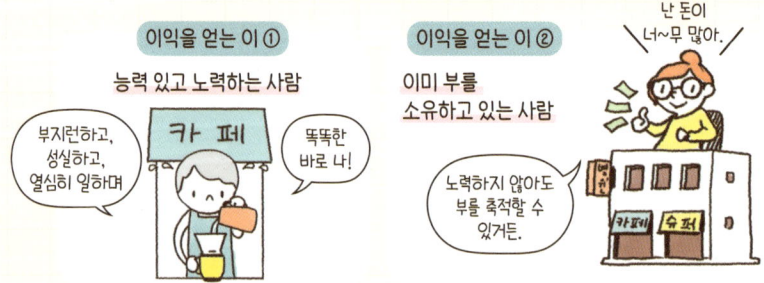

보이지 않는 손은 모든 것을 해결할까?

○ 자본력의 차이

이야기 속에서 알파는 경쟁을 통해 결정된 적정한 가격에 커피를 팔고 있었어요. 그때 갑자기 비타가 가격을 대폭 낮춰 버립니다. 알고 보니 비타는 이미 건물을 소유하고 있었어요. 매장 임대료를 따로 부담할 필요가 없으니 그만큼의 가격을 뺄 수 있었던 것이죠.

○ 임금을 삭감하라

경쟁을 계속하기 위해 알파는 커피의 가격을 더 저렴하게 낮출 수 밖에 없었어요. 그러나 줄일 수 있는 비용은 노동자의 임금밖에 없었지요. 다행히 최저임금제도 같은 것이 마련되지 않은 자유 시장이었기 때문에 마음대로 직원들의 월급을 깎을 수 있었어요.

○ 노동자는 또 다른 소비자

문제는 직원들의 희생으로 이 문제가 해결되지 않는다는 거예요. 노동자는 또 다른 측면의 소비자니까요. 월급이 깎이면 소비력 또한 낮아질 수밖에 없어요. 소비자가 물건을 사지 않으면 '공급과잉' 문제가 생기겠지요. 그럼 자본가는 그 문제를 해결하기 위해 다시 노동자의 월급을 삭감할 거예요. 소비자의 소비력은 더욱 약해지고 경제 문제는 계속 반복될 것입니다. 마치 세계 경제대공황 때의 모습처럼요.

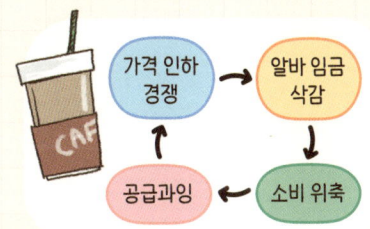

정부의 개입이 필요해

○ 초기 자본주의의 실패

친구들은 4권에서 읽었던 '초기 자본주의'를 기억하나요? 보이지 않는 손이 시장을 조절한다는 '초기 자본주의'는 무척 자연스럽고 상식적인 체제처럼 보였어요. 그러나 시간이 지날수록 여러 문제가 발생했지요. 결국 자본주의의 문제는 대공황으로 번지고 말았어요.

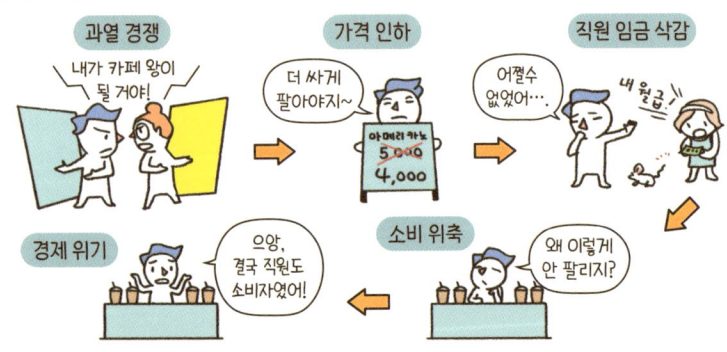

○ 후기 자본주의의 등장

후기 자본주의는 다른 말로 '수정 자본주의'라고도 불러요. 초기 자본주의의 문제점을 수정하면서 등장했기 때문이지요. 후기 자본주의를 제시한 사람은 영국의 경제학자 케인스예요. 케인스는 자본주의에는 자기 조절 능력이 없다고 생각했어요. 그래서 정부가 적극적으로 개입해서 시장의 문제점을 해결해야 한다고 주장했답니다.

○ 대공황에서 탈출하라

초기 자본주의의 문제점으로 인해 세계 경제 대공황이 발생했을 때, 미국은 자본주의를 수정하는 방식을 선택했어요. 세금을 통해서 국민들의 부를 재분배한 거예요. 자본을 많이 소유한 부자들이 부를 독점하는 것을 막고, 소비가 활성화되도록 보완했어요. 이러한 후기 자본주의는 대공황부터 냉전 시대를 거쳐 소련이 붕괴하기 전까지 이어졌어요.

따뜻한 자본주의의 시대

○ 화력발전소가 가져온 변화

경제 불황이 계속되었고, 알파는 팔리지 않는 원두라도 씹어 먹으며 삶을 연명해야 할 지경이었어요. 그러던 어느 날, 알파가 사는 지역에 화력발전소 건설이 시작되며 변화가 찾아왔어요.

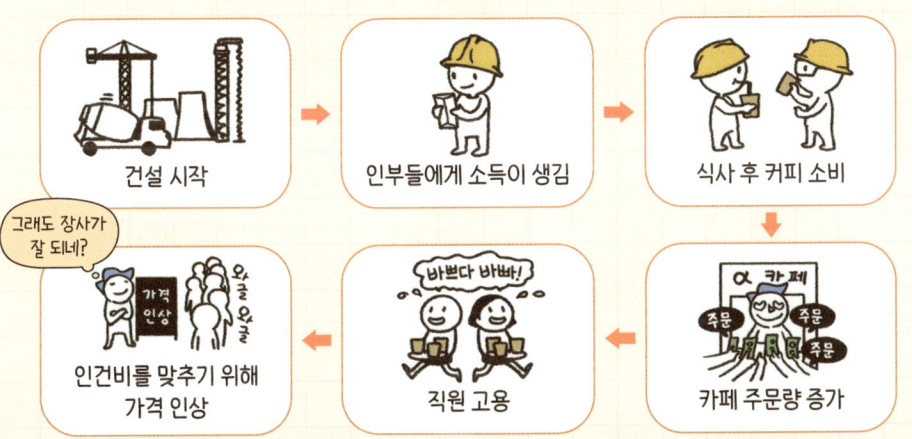

알파의 가게만 장사가 잘 된 것이 아니었어요. 식당, 호텔, 옷 가게, 생필품점 등 동네의 모든 산업이 다시 호황을 이루었으니까요. 결국 공장 인부들에게 일자리를 만들어 주자 도시가 번영하는 효과를 누린 셈이지요.

○ 후기 자본주의의 성공

알파의 이야기에서 볼 수 있듯이, 정부의 개입으로 시장의 문제점을 해결할 수 있어요. 후기 자본주의 사회에서 정부는 세금을 높이고 다양한 규제를 시행하며 시장의 실패를 막기 위해 노력했어

요. 빈부격차는 줄어들고 사회는 점차 안정되어 갔지요. 후기 자본주의는 인류가 찾아낸 괜찮은 경제체제 같아 보이네요. 그런데 정말 좋은 점만 있을까요?

정부가 실패하면?

○ 알파의 선택

화력발전소의 건설 덕분에 알파는 사업을 계속 이어갈 수 있었어요. 가게의 규모도 키우고, 2호점도 내고, 정규 직원으로 바리스타도 고용했지요. 그런데 갑작스럽게 화력발전소 현장에 화재 사고가 발생하고 말았어요. 사고로 인해 공사가 중단되자 노동자의 수가 줄어들었고, 카페의 매출도 줄어들었지요. 알파는 어쩔 수 없이 지출을 줄여야 했어요. 이 상황에서 알파가 할 수 있는 선택은 두 가지 중에 하나겠지요?

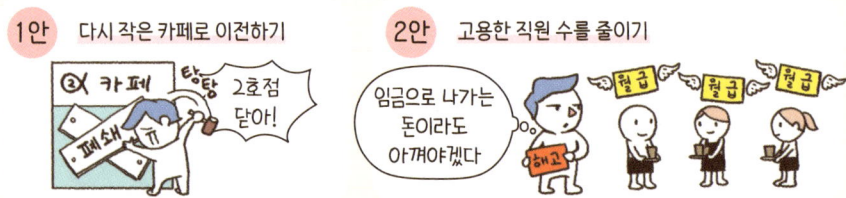

1안을 선택하기엔 투자한 돈을 그대로 날려야 했어요. 카페를 폐쇄하는 데 드는 돈도 만만치 않고요. 알파는 2안을 선택하기로 했습니다. 하지만 또 문제가 생겼어요.

○ 노동자의 단합

후기 자본주의 사회에는 노동자를 보호하는 법률적인 규제가 있게 마련이지요. 최저임금제도가 있어 일정 금액 이상의 임금을 주어야 하고, 경영자는 정규직원의 단합을 인정해야 해요.

카페 직원들은 서로 단합해서 한 사람도 해고하지 못하게 막았어요. 물론 임금도 함부로 낮출 수 없었지요.

○ 스태그플레이션

장사는 안 되는데 직원 모두에게 예전과 똑같은 월급을 주게 되니 알파의 손해는 이만저만이 아니었지요. 결국 손해를 메우기 위해 커피의 가격을 올렸어요. 수요자는 없지만 물가는 오르는 상황. 이러한 상황을 '스태그플레이션'이라고 한답니다.

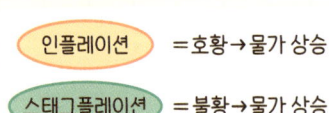

차라리 예전이 좋았어

○ 후기 자본주의의 문제점

정부의 시장 개입으로 안정적인 사회를 추구했던 후기 자본주의는 꽤 괜찮은 대안처럼 보였지만 실제로는 문제점을 갖고 있었어요. 첫 번째는 장기 침체와 장기 불황이고, 두 번째는 불황과 함께 물가가 오르는 스태그플레이션이에요.

○ 비정상적인 시장

우리는 그동안 알파의 이야기를 통해 자본주의의 특성이 '공급 과잉'이라는 것을 배웠어요. 수요를 창출하기 위해서는 시장을 개척하거나 가격을 낮춰야 했고, 수요가 다시 늘어나면 시장은 정상화되었어요. 그런데 지금의 상황은 그 특성과는 달라요. 수요가 없는데도 가격이 오르는 것은 비정상적인 상황이거든요. 정부가 공공사업을 안정적으로 운영하지 못했고, 노동자의 권리를 보호하려고 시장에 과도하게 개입했기 때문이에요.

○ 초기 자본주의로의 복귀

이와 같은 후기 자본주의의 문제를 일컬어 '정부 실패'라고 부릅니다. 1990년대 초가 되면 소련이 붕괴하는 사건이 일어나요. 강력한 정부의 개입을 주장했던 공산주의가 실패하는 것을 전 세계가 지켜보며 사람들은 차라리 정부 개입이 없었던 초기 자본주의로 돌아가는 게 낫겠다고 생각하게 되었어요.

다시 시장에 자유를 주어라

○ 불황에서 벗어날 수 있을까?

알파의 이야기를 살펴볼까요? 이전 정부는 시장에 강력하게 개입하며 세금을 비롯한 각종 규제를 시행했어요. 때문에 경제는 장기적인 불황으로 접어들었지요. 그러나 새로 바뀐 정부는 시장 개입을 줄여서 불황을 해결하기로 했어요.

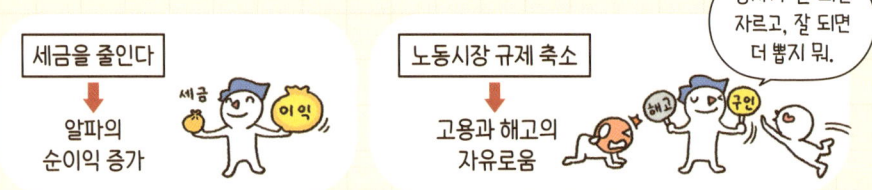

덕분에 알파는 변화무쌍한 시장에서 유연하게 대처할 수 있게 되었지요. 안정적인 수익이 생겼고 사업도 예전처럼 번창했답니다.

○ 신자유주의의 문제점

그러나 좋은 일만 있는 것은 아니었지요. 초기 자본주의에서 발생했던 문제들이 다시 나타났으니까요. 건물과 재산에 대한 세금이 줄어들자 비타는 그 이익을 커피 가격을 내리는 데 사용했어요. 또 자본력을 내세워 커피 연구소를 만들고, 홍보도 더 많이 했지요. 결국 알파는 고객을 빼앗길 수밖에 없는 상황에 처하게 되었어요.

○ 우리가 사는 세계

'초기 자본주의'와 '후기 자본주의'에 이어 세 번째로 등장한 '신자유주의'는 하이에크를 비롯한 경제학자들이 모여 있는 시카고 학파가 주도했어요. 이들은 국가가 시장에 개입하는 것을 반대하고 규제가 없는 자유로운 시장을 강조했지요. 신자유주의는 오늘날 우리가 사는 세계에서 가장 영향력 있는 경제체제로 자리 잡게 되었습니다.

신자유주의 시대에서 살아남기

○ 가장 영향력 있는 경제체제, 신자유주의

5권을 읽은 친구들은 이전 정부의 강력한 규제와 세금 정책 때문에 사회가 불황에 접어들었던 것을 기억하지요? 새로운 정부는 세금을 줄이고 규제를 풀기 시작했어요. 알파는 카페의 정직원을 자르고 모든 직원을 아르바이트 개념으로 고용했지요. 줄어든 세금과 인건비를 사업에 투자할 수 있었고 그러다 보니 알파의 이익도 점차 안정적으로 늘어났어요.

그러나 좋은 점만 있는 것은 아니었어요. 세금과 규제가 줄어들자 경쟁업체인 비타도 가만있지 않았거든요. 커피 가격을 내리고, 연구비에 투자하고, 홍보에 힘을 썼어요. 결국 비타와의 경쟁에서 알파는 완전히 밀리고 말았지요.

○ 무엇이 문제인가

이제 알파는 비타에게 완전히 카페를 넘기게 되었네요. 결국 비타의 직원으로 일하게 된 알파! 자신보다 작은 자본을 종속시키는 것은 큰 자본의 속성이에요. 알파는 더 큰 자본인 비타 커피에 종속된 거예요. 다른 사람 밑에서 일하는 건 즐겁지 않았지만 매달 월급이 들어오니 나쁘지 않은 선택을 한 것 같아요. 과연 그럴까요?

더 큰 자본이 독점한다

○ 작은 자본과 큰 자본

신자유주의 시대에서의 작은 자본은 큰 자본에 종속됩니다. 때문에 시장의 독점과 빈부의 격차가 발생하지만, 전체적으로 경제는 성장하고 발전해요. 그래서 어떤 사람들은 신자유주의야말로 인류가 찾아 낸 최선의 경제체제라고도 말하지요. 그러나 신자유주의에도 문제점은 존재해요. 바로 누군가는 계속 승리하고 누군가는 계속 희생 당해야 한다는 문제지요.

○ 이득을 얻는 사람은 누구일까?

신자유주의 경제체제에서 언제나 이기는 사람들은 비타처럼 큰 자본을 소유한 사람들이에요. 자본을 소유한 이들은 커피 수요가 줄어들면 구조조정을 해서 직원을 해고할 수 있어요. 필요한 만큼 비용을 아꼈다가 커피 수요가 늘어나면 직원을 더 고용하면 되겠죠? 그 덕분에 경기가 좋을 때나, 그렇지 않을 때나 비타는 어느 정도의 순이익을 지킬 수 있어요.

○ 손해를 입는 사람은 누구일까?

알파와 채, 그리고 다른 직원들은 어떨까요? 경기가 좋아서 커피가 많이 팔릴 때엔 큰 문제가 없어요. 회사가 이익을 얻었다고 해서 큰 보상을 받는 건 아니지만 생활을 유지할 만큼 안정적인 임금은 받을 수 있으니까요. 그러나 경기가 침체될 때는 상황이 다르지요. 일자리를 잃을 위험에 처하게 되니까요.

신자유주의 시대에서 언제나 희생되는 사람은 노동자입니다. 경기 침체기마다 해고당할 수 있어서 불안에 떨기도 하지만 본질적인 문제는 따로 있어요. 바로 생산수단의 문제랍니다.

공산주의는 무엇인가

○ 생산수단에 따라 달라지는 부

생산수단을 소유한 사람은 그 생산수단을 이용해서 다른 이들을 고용하고 이득을 얻어요. 노동자가 노력하고 저축한다면 자본가만큼 재산을 축적할 수 있을까요? 불가능하지는 않지만 상당히 어려운 일이에요. 다른 노동자보다 두 배 더 노력하면 소득이 두 배로 늘어날 수는 있겠지요. 하지만 자본가의 소득도 그만큼 더 빠르게 늘어날 거예요.

○ 세상을 바꾸자!

아무리 생각해도 불공평하고 억울한 세상이지요? 자본가에게 생산수단을 빼앗아 노동자가 직접 소유하는 사회를 만들면 어떨까요? 실제로 인류는 사회를 바꾸기 위해 이와 같은 경제체제를 만들어 실험해 보았어요. 이것이 바로 공산주의 혁명이에요.

○ 왜 배워야 하는가?

마르크스주의는 20세기 초에 러시아와 동유럽, 아시아 일대를 휩쓸었어요. 하지만 이 새로운 실험은 실패로 돌아가고 말았답니다. 자본주의 국가는 자본가의 재산과 권리를 빼앗는 공산주의를 악한 존재라고 국민들에게 교육했어요. 특히 한국은 전쟁이라는 역사 때문에 공산주의에 대해 공부하는 것조차 국가를 위험에 빠뜨리는 일이라고 생각하기도 했지요.

그러나 공산주의를 공부한다고 해서 모두 공산주의자가 되는 것은 아니에요. 오히려 공산주의에 대해 알아야 자본주의를 더 잘 이해할 수 있답니다.

결국은 성장과 분배의 문제

○ 사회 구성요소와 사회적 생산물

무인도 이야기는 우리에게 국가가 어떤 방식으로 자원을 분배해야 하는지 생각하게 해 줍니다. 이야기 속 알파, 채, 매니저, 비타는 각각 기업, 시민, 최소 수혜자, 다국적 기업을 상징해요. 크고 작은 열매들 역시 사회적 생산물을 상징하지요.

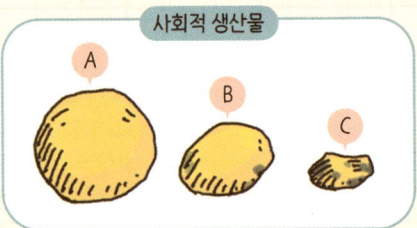

○ 성장 중심

알파에게 열매를 몰아주어 비타와 원주민과의 싸움에 맞서야 한다는 생각은 바로 신자유주의적 해결책이에요. 알파와 같은 생각을 하는 사람은 정부가 개입하지 말고 시장의 자유에 맡겨야 한다고 주장하겠지요? 세금이 줄면 복지 수준도 떨어지고 결국 사회적 약자들을 모른 척해야 하며 빈부격차를 받아들일 수밖에 없어요.
하지만 전체를 생각하면 더 큰 이익을 얻게 될 거예요. 이와 같은 정책을 '성장 중심 정책'이라고 합니다.

성장중심 정책 / 신자유주의
장점 : 기업, 국가 경쟁력 강화
단점 : 빈부격차 심화, 사회약자 소외

○ 분배 중심

반면 목숨이 위급한 매니저에게 열매를 몰아주려는 생각은 후기 자본주의적 방식이에요. 정부가 적극적으로 시장에 개입해야 한다는 생각이지요. 이렇게 되면 기업은 사업을 확장하기 어렵고, 부유한 개인들도 투자를 줄일 거예요. 국가의 경쟁력은 약화되어서 다국적 기업에 시장을 빼앗길 수도 있어요. 대신 국가는 세금을 확보해서 복지에 사용할 수 있고 사회적 약자들을 도와 빈부격차를 줄일 수 있어요. 이것이 바로 '분배 중심 정책'이예요.

분배 중심 정책 / 후기 자본주의
장점 : 빈부격차 해소, 사회약자 규제
단점 : 기업, 국가 경쟁력 약화

경제체제는 시대 상황을 반영한다

○ 정부와 시장

우리는 이 책을 통하여 네 가지 경제체제를 알아보았어요. 초기 자본주의, 후기 자본주의, 신자유주의, 공산주의예요. 각각의 경제체제는 시장과 정부와의 관계를 기준으로 구분할 수 있어요.

- 정부의 개입 최소화
- 시장의 자유 추구
→ 초기 자본주의 / 신 자유주의

- 정부의 강력한 개입
- 시장의 자유 축소
→ 후기 자본주의 / 공산주의

○ 역사와 경제

이러한 경제체제가 어떤 역사적 상황에서 발생하게 되었는지 알아보는 것은 중요하답니다. 근현대의 역사를 다시 정리해 볼까요? 근대는 자본주의와 함께 시작되었어요. 초기 자본주의는 공급 과잉의 문제를 갖고 있었지요. 공급 과잉을 해결하기 위해 치열한 식민지 경쟁이 일어났고, 제국주의 시대가 도래했어요. 과열된 제국주의는 제1차 세계대전으로 이어졌고요. 전쟁 이후에 또 다시 공급 과잉 문제가 발생했고, 이는 대공황으로 이어졌답니다.

근대 산업화 → 초기 자본주의 (공급 > 수요)

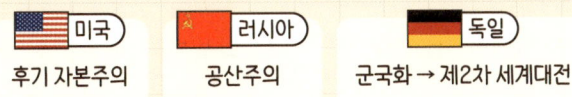

제국주의 시대 → 제1차 세계대전 → 경제 대공황

대공황을 해결하기 위해 세계는 여러 방법을 선택했어요. 미국은 자본주의를 수정했고, 러시아는 자본주의를 폐기하고 공산주의를 들여왔어요. 독일은 두 번째 세계대전을 일으켰답니다.

미국	러시아	독일
후기 자본주의	공산주의	군국화 → 제2차 세계대전

제2차 세계대전이 끝나면서 현대가 시작되었어요. 세계는 미국과 소련을 중심으로 냉전을 이어갔지요. 90년대 초에 소련이 본격적인 붕괴되며 신자유주의 시대가 시작되었답니다.